전망 2017

詩

꽃에 대한 예의

조영환 외

전망 2017

詩

꽃에 대한 예의

조영환 외

다시올

꽃에 대한 예의

계간『다시올문학』창간 10주년을 맞은 뜻깊은 해에『전망 6집』을 세상에 보냅니다. 전망 동인은『다시올문학』으로 등단하였거나, 다시올문학회에서 활발하게 작품 활동을 하는 문인들로 구성되어 연간 1회의 동인지를 발간하고 있습니다.

2012년에 1집『밥하는 소리』를 출간한 이래, 2집『느슨한 저녁』, 3집『한쪽으로 보는 세상』, 4집『슬픔의 각도』, 5집『고양이 골목』에 이어 2017년에 6집『꽃들에 대한 예의』를 선보이게 되었습니다.『전망 6집』에는 동인 서른여덟 분의 작품 173편이 수록돼 있습니다.

지난 12월 4일 밤, 올해에 가장 크고 밝은 달이 떠올랐습니다. 그달을 한밤에 아파트 베란다에 나가서 보고, 그다음 날

이른 아침 출근길에서도 보았습니다. 달이 어찌나 크고 밝고 또 맑은지 달을 보는 동안 마음이 서늘하게 씻겨 내리는 것 같았습니다.

『전망 6집』이 독자에게 그달과 같기를 희망합니다.

2017. 12. 25.

다시올문학회 회장 조 영 환

■차례■

시

전망

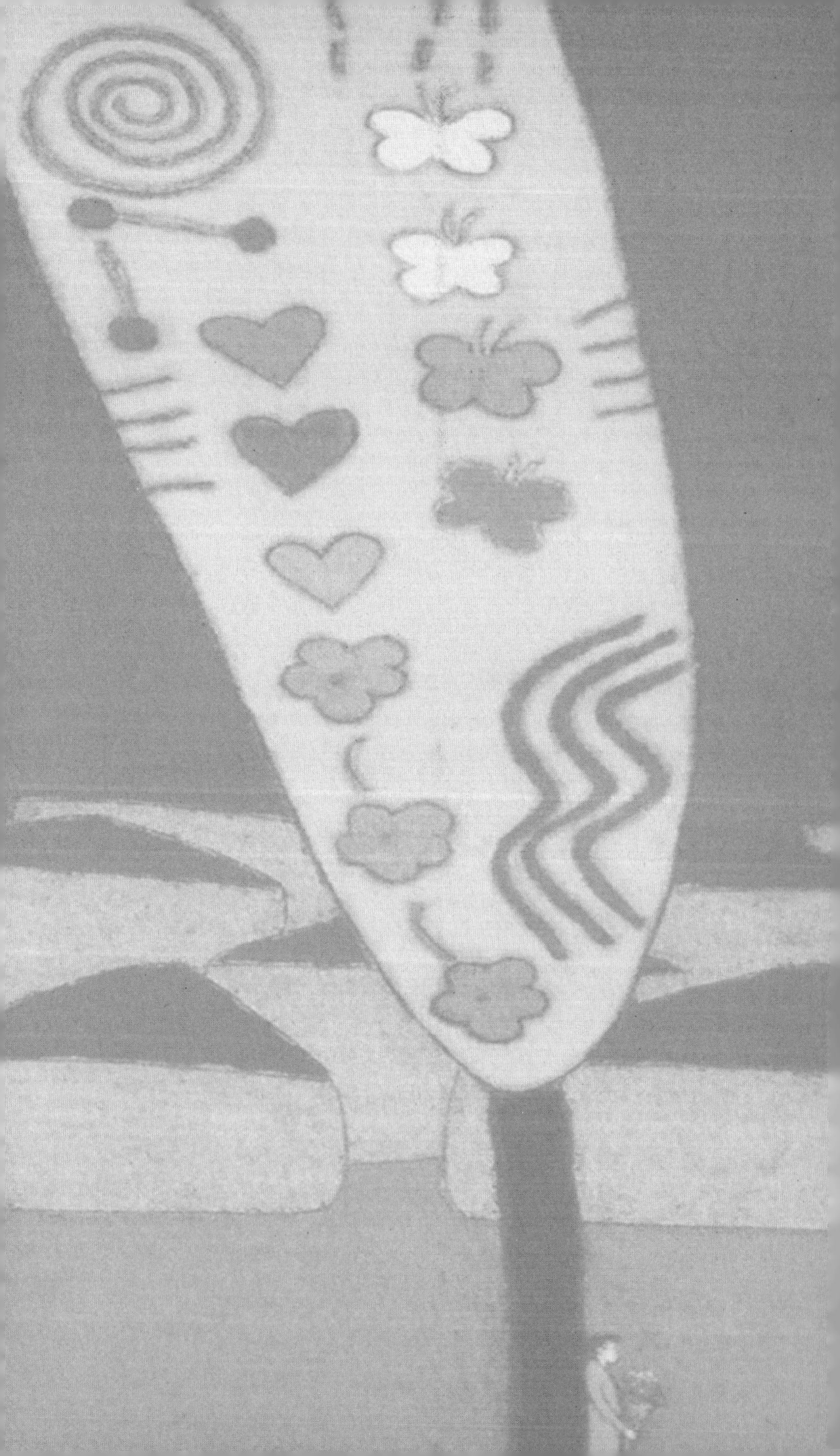

다시올문학회

고창수 / 김경곤 / 김경식 / 김기산 / 김병화

김영은 / 김용태 / 김진수 / 김해미 / 김희숙

맹숙영 / 박미화 / 박병원 / 서영용 / 송기남

송옥임 / 신동렬 / 신현복 / 양소연 / 오영록

우애자 / 우옥자 / 유형근 / 윤준경 / 이사랑

이순선 / 이영균 / 이운상 / 이진환 / 이태운

정미경 / 정지용 / 조영환 / 최명심 / 최병화

최창순 / 최혜영 / 추다영

한국 마을 정원에서 외 2편

고 창 수

가을 한동안
정원의 은행나무는 공작이 날개를 펴듯
찬란한 황금빛 가지들을 펼치고 있었다
어느 날,
점잖던 정원사는 은행나무의 중심부 큰 가지에 올라서서
나무를 굴러대고 있었다. 햇볕을 등지고 역광의 정원사는
엄숙한 검은 마법사와도 같이
지구의 중심에론 듯
은행잎을 마구 떨어뜨렸다
그날 정원사는 이상한 미소를 머금고 있었다

그 이후로
내가 음악을 듣고 있거나
거리를 걷고 있거나
검은 은행 잎은
내 존재의 어두운 심연으로
끝없이 떨어져갔다
온 가을 검은 가지는 내 의식에
거미줄 같이 퍼져 있었다. 은행나무에는
전쟁에 탄 양철조각 같은 나뭇잎 몇 개와
검은 가지가 하늘을 배경으로 시들이 흔들렸다

보이지 않는 바람결에
나무는 황량한 몸짓으로 나를 올렸다
몇 마리 까치도 서글픈 듯
언제라도 떠나갈 몸짓으로 가지에 앉곤 하였다

겨울 바람이 불고 눈이 내렸다 눈의 리듬으로 풍경은 변하고
검은 가지의 나무는 은근히 춤을 추고 있었다
이윽고,
앙상하던 나뭇가지에는 황금빛 찬란한 은행잎이
가득히 빛나고 있었다
정원사는 어디 갔는지 보이지 않았다

사진론 · 1

점안이나 원근법은
화가의 붓끝에서 살아나지만
내가 기다리는 동안
독수리와 토끼와 풍경은
결정적 순간에 다가오다가
흩어지는 때가 많다.
나는 시공 밖 결정적 순간 속으로
몸을 던질 뿐이다.

사진론 · 2

지금 바람을 감싸고 있는 풍차나
머지 않아 밀려올 파도나
원무를 가다듬는 가족의 몸짓--
모두 평면에 멈춰 있으나
사진의 구도는
그 벅찬 원동력을
묵묵히 지탱하고있음이여.

고창수
1986년 《시문학》등단 번역가 칼럼니스트 【시문학상】【시인들이뽑는 시인상】【문덕수문학상】 수상 시집 『파편줍는 노래』 외 5권

지천명 외 2편

김 경 곤

육체적으로 정신적으로 바쁘다 보니
몽롱하게 일상을 여는 경우가 허다한
요즘 이상한 개가 찾아왔다

개 종류를 부류별로 나누면
명견, 충견, 변견 등 가지가지 있다더니
나를 찾아온 개는 농장의 장군이도 누렁이도
나만 바라기하는 리트리버 메리도 아니다

밤늦게 닭장을 순시하는데
악당 같은 쇠파리 한 마리가 달려든다
고개를 돌리고 멀리 피해도 끈질기게 달려와
총알같이 등 쪽 옷을 뚫고 쏘아대는 따끔함
하던 일을 멈추고 팔을 휘둘러 쫓아본다.

윽
오른쪽 왼쪽
아파도 비명도 지르지 못할
사내의 지병 도처에 깔려있다

억새 단상

보이세요
하늘이 저 만치 높은 명성산
고개마다 들짐승 하나 갖고 싶어
산허리 나누며 그대로 가을이 되는
억새, 남이야 보든 말든 뒤엉켜
설핏설핏 나부대는

들리세요
뒤엉킨 그대로 가을이 되어서
들짐승 하자는 대로 마음을 맡기니
가을볕에 서걱서걱 눈물 말리는 소리
바람에 오래 길들여져 사랑은 무죄라며
아무렇게나 휘날리며 울부짖는

바람결에 홰를 치고
그믐달 불 밝히듯 찬란히 피운 겉대
목가(牧歌)를 부른다.

고대산

바랜 숫자로 헝클어진 주소 속
아바이 사투리가 들러리 선다.
흙으로 빚은 육신은 흙으로 가는데
북에서 태어난 혼은 어디로 갈꼬
이야기 속 낯선 유골이 서성인다.
휑한 그리움으로 쌓인 나이테,
자외선으로 상복을 지어 입고
등산로의 사색을 메우며 눈부신
햇살의 높이로 날아가는데
꾸역꾸역 비집고 나오는 낯선 이물질
어울리지 않는 풍경으로 고장 난
벽시계가 바람을 막고 서 있다.
지팡이 한 걸음, 다리 한 걸음,
일보마다 큰 날숨을 거두어들이고
아교처럼 얽힌 응어리가 고민한다.
끊긴 철로 뒤로 막차의 긴 하품
온몸으로 번지는 탄저병.

김경곤
2004년 《농민문학》 시부문 우수상으로 등단 《다시올문학》 편집인
【시산맥상 수상】 시집 『황동부전나비의 비상』
kyungkonk@naver.com

불면 기(紀) 외 4편

김 경 식

어-얼 씨구씨구 들어간다
저-얼 씨구씨구 들어간다

신명 난 장타령이 고샅을 돌 때
각설이의 눈은 울안의 곳간을 훑고 있었다

오늘은 틀림없이 밤 손 들리라
아이는 뜬눈으로 어둠의 동정을 살폈지만

섬돌 위에 밤새 눈발이 치고
기다리는 사람은 오지 않았다

언제나 그 모습을 드러낼까
덧기운 저고리에 너른 홑바지

옛날처럼 해진 걸망을 지고
담벼락 훌쩍 뛰어넘을까

골목을 쓸고 가는 바람 소리에
마른 귀를 세우고

오늘도 뜬눈으로
그날의 손님을 기다린다

간월암(看月庵) 가는 길

달 보러 간다
물 나간 바다 건너
뵈지 않는 천만 겹의 파도를 넘어
한 걸음 더 가까이
달빛 속으로 간다

겁(劫) 겁 무량(無量)한 세월
가부좌(跏趺坐) 틀고 있는
나무 보살
법의(法衣) 낡은 자락 아래
꿇고 앉은 그림자들

세상일은 나 몰라라
비겁하게
비겁하게
그 속에 숨어
극락왕생(極樂往生) 빌고 있는
나를 잡으러 간다

이생 다시는 얼씬대지 못하게
멀고 먼 부처 꽁꽁
묶으러 간다

* 간월암-서산 간월도(看月島)에 있는 암자로 바닷물이 들어오면 작은 섬이 되고 물이 빠지면 길이 열린다.

만행(萬行) · 2

큰스님 설법(說法)보다
백팔 배(拜) 삼천 배 공염불(空念佛)보다

처마 끝 풍경이나 올려 보다가
바람의 행방을 좇고 있다가

흐르는 구름 따라
길을 나서자

산도 절도
머무는 곳이 아니지

이미 오래전 속세로 떠난
전생의 부처들

불현듯이 옛날 생각이 나서
어쩌다 한 번씩 다녀가는 곳

먼지 앉은 대웅전 부처님보다
미륵불 긴 그림자 어깨에 메고

팔만사천 번뇌의 끝을 찾아서
바람 따라 다시 길을 나서자

죽은 시(詩)

학교 다닐 때 공부를 안 했더니.
국어사전 뒤적이며 시집을 읽었다고 그가 머리를 긁적인다
우리말이 어렵지요.
나는 괜스레 미안해져서 창밖으로 눈을 돌린다

이리고치고 저리 다듬고 수 없는 밤을 지새웠지만 무슨 말인지 도통 못 알아먹겠다니 내 시(詩)는 죽은 말의 집이었던 셈. 몇 년이 지나도록 재고(在庫) 줄지 않는 것도 하등 이상하지 않은 일이다

어순이 뒤바뀌고 주어 서술어가 빠져도 본데없는 사투리가 불쑥 튀어나와도 나는 그의 말을 다 알아듣는다. 살아있는 말, 고개를 끄덕이고 맞장구를 놓는다

사전 속에 갇혀 있는
나의 시는 언제나 숨이 트일까
거침없이 내리읽고 아하,
무릎을 치게 할까

겨울나기

지난여름 함께했던
속리산 오리숲길
그 어디쯤 나는 서 있다네

잎을 다 떨어내고
알몸으로 바람맞는
나무들처럼

푸르렀던 기억마저 지워 버리고
텅 빈 가슴에
쇠기러기 찬 울음을 그러담으며

희미한 그대 발자취 위에
다시 흰 눈 내리기를
기다리고 있다네

김경식
시인. 충북 보은 출생. 《다시올문학》 신인상. 수상집 『마음에 걸린 풍경 하나』 시집 『적막한 말』 sj574@naver.com

12월 21일 외 4편

김 기 산

추위가 강습했다
이른 아침 창밖은 서리가 허옜고
오후에는 성긴 눈이 내렸다
주변 길섶 풀들은 이미 누렇게 말라 버렸다
두꺼운 잠바를 끄집어내어 덧입고
뒷산 임도(林道)로 나선다

여기가 내 계절인가 보다
나는 내 안의 추위 속을 걷고 있다
낯익은 새들 발갛게 언 발로 힘없이 날고
덤불 속에 숨어 찌지직대고 있다
또 한 줄의 나이테가 빠져나가는구나
모르게 현기증이 지나간다.
소나무 거뭇한 둥치에 기대 숨을 고른다.

박순 화가

돌담에 내려앉는 노을
거둬 안고 저녁마다 빛의 소리를 그려내는

그녀는 얼굴에 깊이 파인 흔적을
눈을 뜨고 보낸 세월이었다고
나뭇결 같이 웃곤 한다
낙엽은 자살도 타살도 아니고
저항 없이 지는 순한 자연사(自然死)라며
세월의 아득한 바람길에 손을 흔드는

시간을 초월한 모습
가는 세월, 성화하지 말라는
그녀가 이즘 눈(雪) 밑으로
얼지 않은 물길 소리 가두어 품고
부화해 내는 그림은 먼 소리의 시각화(視覺畵)일까

그녀는 주름진 얼굴 지우지 않는다
평생 고생해서 얻은 빛이라며
빛무리에 싸여 눈을 감고
바람의 길에 가슴 내어놓는
자신이 한 폭 그림이라는 사실을
그녀는 오늘도 모르고 산다.

비바람에 씻긴 바위가 아름답듯
붓을 놓지 않는 그녀는 늘 눈부시다.

벼룩시장

황학동 벼룩시장 중고 시계점
누군가 내다 버린
손때 묻은 시간이 모두 모여 있다
뒤뚱거리며 절룩거리며
제멋대로 울고 있다
각각의 시간이 다르다
언제쯤 팔려나갈까
새 주인을 기다리며 눈빛을 반짝이는
행여 심장이 멎을까 톱니바퀴를 돌리며
평생 시간을 놓지 못한 걸음이다
허리춤에 매달린 회중시계의 시간
마음대로 멈추고 주저앉았다
이제야
고장 난 나의 톱니바퀴가 보인다

양자산 산길

앵자봉 끝자락 묵은 텃밭에
도심의 어지러운 속도를 부려놓았다
이른 새벽 낯선 새들이 잠을 깨우고
젖은 풀잎이 바짓단 적시는 산길에 들면
가쁜 숨소리 느려지고
안개에 갇힌 바람 숲속을 걸어 나온다
이제 빠름의 족쇄에 마음 덧날 일 없고
쉼 없이 모이고 흩어지는 구름 길에서
먼 꼬부랑길 내려다보니
은자(隱者)의 거처가 맞는가보다
밤이면 개울물 소리 마루까지 들이고
옆집 개 또 달을 보고 컹컹 짖을 테니
가슴 굳은살 빠져나가는 소리 들린다
날마다 속 때 벗은 사람들과 찬술 한잔이
게으른 나의 하루 품삯이 된다

향일암

빛을 따라 왔다 출렁인다
끊겼다 이어지는 목탁 소리
바다 한가운데서 오르는 파문이다
일출 일몰이 어디에 있는가
우리가 가고 오는 것일 뿐
법당도 부처도 만 리 허공
저녁 비 맞는 까치의 울음소리가 독경이고
숨차게 닿는 곳곳이 극락이다
바람의 속도로 사라지는 숨결들
자칫 거짓 길에 들면
밑바닥 어둠은 더욱 깊어진다
더 탐할 것이 있나
바로 이곳에 다 있다
가도 가도 그 길, 돌아오지 못하는
미움을 내려놓는 곳, 차가울 듯 푸근한
이곳이 성전이다.

김기산
본명 김영정, 서초문인협회 이사, 공간 시 낭송회 상임시인 제24회 【성균문학상】 본상 수상 도서출판 한터 대표 시집 『노을을 베끼다』 『빈집』 kh4263@hanmail.net

인(印) 외 4편

김 병 화

1.

불의를 보거든 정의를 생각하라 (견이사의 見利思義)*

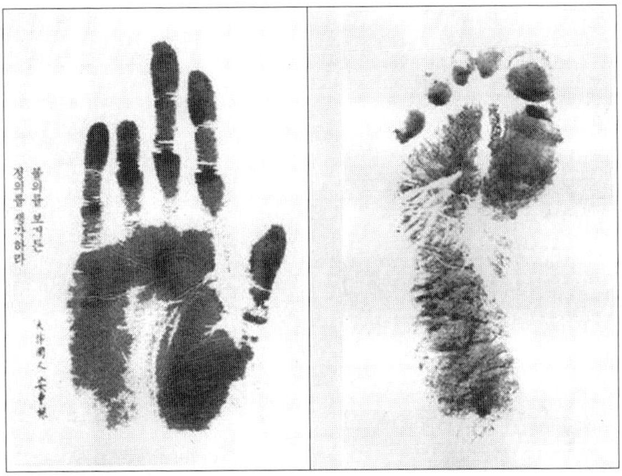

*안중근 의사의 어록 중에서
*박근혜 대통령 탄핵소추안 표결 앞둔 2016년 12월 9일자 경향신문 보도에서

2

생각에 그치지 말고 직접 행동으로 옮기시라
족적으로 역사에 남기시라

바닥에 괸 빗물

거꾸로 하늘
아직도 거리에
옹기종기 앉아 있다

늘 바닥 신세 그림자
눈물–
직접 내려와 보려고
담아가려고

그런데 사방 둘러보아도
보이지 않으니
청명(清明)의 해 확대경
다시 빌려야겠다.

슬픈 누부야

너 회전하는 그림자*
그 굴레에서 벗어나
한 번이라도 빛으로 살 수 없었느냐

백일 동안 쑥과 마늘 먹으면
빛으로 일어설 수 있다는데

문어발 그림자 거느린 빛의 포식자
그 밑
너 눈물로 묽어진 그림자

아아, 끝내 영혼의 나비 되어
빛의 자유 찾아갈 수밖에 없었느냐

산마다 찔레꽃 송이송이 피고
휘이익 휘익– 휘파람새 덤불나무 가지에서
노래인 듯 울음인 듯 울고 있는
어느 봄날 아침에.

*회전하는 빛 : 야고보서 1장17절

이사야의 꿈
-조각가 김종구*

얼음의 자유는 그 해빙수가
증발한 대기이다

무쇠의 평화는 그 갈아낸 쇳가루가
사방에 흩어진 대지이다

이제 그는 다윗 소년처럼
그라인더 돌날 한 자루 차고
위용에 찬 사막 기갑부대
골리앗 전차 앞으로 나아갈 것이다

포신과 포탑, 무한궤도, 쇠바퀴 등 전 차체를
그라인더로 갈아 모래 바람에 날리며

(무쇠의 억센 근육 한없이 잘려 나가는 광경을 보며)

다시는 전쟁 없는
칼과 창 보습으로 만들어지고
사자와 송아지 함께 풀 먹는 세상
꿈꿀 것이다.

*그는 통쇠를 갈아 나온 쇳가루를 이용해서 작업하고 있다. 앞으로 중동 국가의 탱크를 직접 현장에 가서 그라인더로 갈아낼 퍼포먼스를 계획하고 있다고 한다.

집

어느 한 집 기울어진 집 없네
대도시 마천루부터
벽촌 초가에 이르기까지
(사람 사는 집이라면)
모두 수평 터 이루고 바로 서 있네
다만 그 속에 사는 사람들 바르지 못해
세상 기울게 만드네.

김병화
서울대학교 미술대학졸업, 1988년 무크지《문학의 시대》등단, 시집「내 피곤한 영혼을 어디다 누이랴」「밀집 광배 예수」, 이콘집「십자가와 피뢰침」, 산문집「봄 그리고 봄」, kk9325982@hanmail.net

시집 속의 바다 외 4편

김 영 은

파란색 표지가 마음에 들어 시집 한 권을 샀다. 잉크 냄새 훅 번지는 책에서 바다가 출렁거렸다 문고에 서서 다 마셔 버린 바다의 말을 담아와 내 방에다 살짝 풀어놓았더니 팔딱팔딱 힘차게 헤엄쳐 다닌다. 투명한 바다 한가운데 파란 집을 꿈꾸며 혼자 섬처럼 떠 있다.

저기 헤엄치지 못하는 전화기가 멀미라도 하듯 악을 쓰며 울부짖지만 더는 받지 않는 사람과 걸지 않는 이의 목소리를 토해낼 듯 토해내듯 몸을 떨다 체념이라도 한 듯 아래로 잠수하더니 더 밑으로 수장하고 만다.

아무리 내려가도 바닥에 닿지는 못할 거다. 바다의 말을 다 마셔도 얼마만큼 깊은지는 어림짐작도 할 수 없을 테니까 침대 위에 벌렁 누워 찰랑거리는 물살에 눈을 담그고 발가락을 꼼지락거려 핸드폰을 들어 올리려는데 다시 가라앉고 만다. 아마 나는 아무것도 그리운 것이 없는 사람이 되고 싶은가 보다.

시집의 표지는 파란색으로 해야겠다

여름날의 동화

개망초 따라 마당을 한 바퀴
하나둘 셋 넷 둘둘 셋 넷
풀매는 삼매경에 빠지다 보면
크로버 도꼬마리 여뀌 며느리밑씻개
제멋대로 자라고 있는 잡초와 벌레
지들끼리 어울려 세력다툼 한창이다
풀과의 전쟁에 몰입해 땀 흘리는
내 앞에 이름 모를 벌레 한 쌍
앙증맞게 달라붙어 짝짓기한다
풀숲에서 바람이 튀어나오고
해먹이 사정없이 흔들리자
덩달아 앙증맞아지고 싶어진다

회상(回想)

추억을 먹고 사는 늙은이처럼
자꾸 지난날을 끌고 오는 나에게
그리운 눈발이 길을 지운다.

다정했던 사람의 발자국도 보이지 않고
자연을 노래하던 새도 덤불 속으로 숨고
선물로 주신 계곡물도 얼음장 밑에 숨었다.

넘어지고 미끄러지며 가는 이 길은
대체 어디로 가는 길이란 말인가
숨어서 겨울잠을 자는 깊은 산으로
하룻밤의 신음소리를 끌며 눈길을
고요히 돌고 도는 그때 그 시절.

목청 높은 암탉처럼, 울부짖어도
메아리 없는 눈만 그림처럼 내린다.
뒤돌아보는 동네엔 기타 치는 가수가
회상을 노래하며 자꾸 나를 불러낸다

노루오줌

-송옥임 시인

여자의 손에 들린 화분 두개
그 여인을 닮은듯 수줍게
내려다보고 있는 노루오줌

일영 삼상리에 둥지 튼 내게
차 한 잔 마시러 왔다며 화단에
멋쩍게 노루가족 부려놓자
맥없이 하늘바라기 하는
노루가족

순박하게 물든 게 연분홍 詩같아
한 구절 읊으니, 꼬리가 답례하듯
하늘하늘 여릿함이 묻어나는
노루오줌 꽃

공짜도 아무나 주는 게 아니라며
애써 농사지어 퍼주는
참말로 詩 같은 그 여류

거울

아무리 바빠도 안 보면 안 되는
출근길이 바빠도 스치듯 비추는
늦어도 얼굴을 헹구며 들여다보는
습관처럼 하루를 아무렇지 않게 봐 온
그런 거울을 선물로 받았다
러시아 여행에서 돌아온 이가
은장에 접히는 방패 모양으로
러시아 황녀가 새겨진 손거울을
나를 닮았다는 말치레까지 해가며
얼굴도 다 비치지 않는 자그마한
눈 코 입이 따로 비치는 색경인데
앙증맞은 이 물건을 받으며 비로소
나를 보았고 생각에 잠기게 했다
명품이라고 하더니 그 거울에 비친
어떠한 것도 따로따로 보니 정말
아름답지 않은 것이 한 개도 없어
들키고 싶지 않은 고백까지
다 반영해 보였다

김영은
2003년 《시사문단》시 등단 도서출판 다시올 대표,
계간 《다시올문학 》 발행인 동인시집「어떤 초상화의 모티브」외
maxim3515@naver.com

심연(深淵) 외 4편

김 용 태

한 마리 박새
노승의 시선(視線)을 훔쳐
창공으로 치솟더니
끝없는
자
맥
질

그도
저도
그 깊이를 모를…

탁발(托鉢)

세찬 비를 뚫고 납자(衲子), 탁발입니다

문밖 저만치에서
나즉히 읊조리는 반야심경 구절구절이
흥건하게 비에 젖어 비릿한 녹두 향입니다

주름진 얼굴에서 설핏 그리운 모습이 스쳐 보이고

영원히 멈추지 않을 죄 많은 내 그리움의 부름켜는
어쩌자고 자꾸만 몸집을 키워
뜨거운 것 울컥 솟아, 그만 또 눈물입니다

거친 손 모아 합장하고 돌아서는 노스님 뒤엔
늘 따르던 그림자마저 아니 보이고
야윈 어깨에 허기진 빈 바랑만 위태로이 걸렸습니다

난 괜한 의무인 양 한참을 우두커니 바라보다가
가난한 어느 절집을 쓸쓸히 생각합니다.

법고(法鼓)

연사흘 눈이 내려
눈은 내려
멀리서 가까이서 자꾸만
소나무 눈 부리는 소리

저녁나절
산 깊어 바람마저 휘돌아간 산사(山寺)
때를 거스른 법고 소리 계곡을 메우며
땅과 하늘의 경계를 지우고, 울리고 울려

능지. 능지. 능지.

저 밑 깊은 곳에서부터 터져 나오는 뜨거운 절규가 눈 덮인 산판(山坂)을 송두리째 흔들어
그 울음, 아득한 밤을 깨우고

되새 떼 날아오르는 새벽
차마 잊히지 않는 이름 하나, 남몰래 가슴에 묻었던가
젊은 비구승 서늘한 콧날 아래
앙다문 입술 파르르 떨려

이내 혼절하듯 무너져 내리는 그 뒤에서
말없이 지켜보던 큰스님
쉰 해 전쯤 언저리
그 흐려진 기억을 더듬고

해당화 피는 마을

그저 술 좀 과하게 마신 기억밖에는

파도에 휩쓸려 솟구치다 떨어지기를 수차례
목이 타서 깨어보니
웬 낯선 방에 저 여자하고 내가
벗어 놓은 신발짝처럼 나란히 누워 있더라고
짚이는 게 없는 것은 아니었지만
꿈속 일 같기도 하고

차려 내온 아침상을 사이에 두고
저나 내나 내세울 것은커녕
그 뿌리조차도 알 수가 없어
감추고 싶은 지난 일들만 들추고 있었는데
힐끔힐끔 훔쳐보는 것이
아주 싫지는 않은 눈치더라고

그 날 바로 '해당화' 라는 간판부터 내리게 하고
장화 두 벌 장만하여
물이 들면 바다로 가고
썰물이면 펄에 나가 사십 년을 버텼지
등기만 내 앞으로 안 해 놨다뿐이지
그때는 서해가 전부 내 것이었어

사랑?
아무리 근본 없는 갯것들이라구
저리 붉은 시절이 없었으려고
주렁주렁 대추 알 같은 칠 남매가
그냥 만들어졌겠어

안 그런가, 임자.

귀천(歸天)

섰다, 판이 끝나자
짝 발의 구두를 끌며
마지막 조문객마저 돌아간
통곡만 남겨진
상갓집 처마 끝
노오란 알전구 위에로
설핏 눈발이 치다,
이내 송이 눈이 내려

무사히 왔다고
이제 또 하나의 별이 되었다고.

김용태
충남 공주 출생. 《문학사랑》 등단.
대전문인협회 회원. jirijirisan@hanmail.net

금요일, 아우성이 노래가 되는 외 4편

김진수

혹여, 금요일 그 아우성을 들어 보셨나요? 금요일마다 되풀이되는 암고양이 울음 종소리 되는, 귀를 벽에다 대 보고 바닥에도 눕혀 본다. 팔딱거리는 금요일의 비늘 훑어 내고 얇게 저며 탈색된 빙초산에 찍어 먹는다. 신분이 확실하지 않은 혀는 신맛만 골라 씹는다. 신맛 뒤끝에서 출렁이는 바다를 음미한다. 나는 바다와 금요일 사이를 저울질하며 일요일에는 어떤 신을 신고 어떤 노래를 불러야 금요일의 망령에서 벗어날 수 있을까? 타로점을 친다. 내가 갇힌 사각 틀 안에서 고양이와 눈 맞추고 대화한다는 것은 찌그러진 얼굴 배경으로 노란 장미를 그려 넣는 것과 같다. 머리와 뼈만 남은 아우성이 답을 찾으러 가는, 피 묻은 도마와 비린내 나는 칼을 끓는 냄비 속에 던져 넣고 고양이만 안고 간다. 금요일은 애교를 떨다 앙탈을 부리고 발톱을 세운다. 아우성, 소금 간 된 섶이 죽는다. 숨죽은 자리마다 2/4 박자 가락으로 피어나는

계가(計家)하다

호스티스 병동, 다면기*가 막바지로 치닫고 있다
일인자는 흡족한 미소를 짓고 옮겨가고
아버지는 장고에 들어갔다
주어진 시간 다 허비하고 마지막 초읽기에 내몰린

계가, 헤아리고 헤아려도 부족한데 던지지 못하고 미적거리는

삼세판이 없는 단판 승부인 생
아버지의 판, 포석과 초반 형세는 유리하게 굴러갔다
실리를 챙기다 보니 돌아오는 몫도 쏠쏠했다
달콤함에 취해 곁에서 던지는 훈수는 들리지 않았고 일방통행에 가속 페달을 밟았다
아뿔싸! 헛수 한 점 패착이다
안간힘 써보았지만 빨간불 점멸하고 사이렌 울었다
발버둥 칠수록 더 깊이 빠져드는
아차, 하는 순간 명분도 실리도 다 잃어버린

남의 탓이었다
한 번만 물려준다면 죽음의 냄새 털어내고 잘 살 수 있을 것 같은지
한 번만, 한 번만 되뇌는
저 미련함

드디어 아버지는 돌을 던졌다 다행히 시간을 넘기지는 않았다 우리는 꽃을 들고 감격의 눈물을 흘렸고

아버지 곁을 떠나 나만의 판을 짜던 날 수 없이 되뇐
'아버지처럼 안 살 거야! 아버지처럼 안 살 거야!'
오늘, 내 판을 들여다보니 아버지 모습 그대로다
마치 내력처럼

*바둑에서 한 사람의 고수가 여러 사람을 상대로 동시에 대국하는 일

모래성

정수리에 빨대를 꽂는다 한 모금, 목울대를 타고 넘어가는 시금 텁텁한, 유통기간이 지나 곰팡내 나는 입을 헹궈 낸

흡혈한 철근콘크리트가 자란다 봄비 맞은 죽순처럼, 핏기 없는 손가락들이 떠다니는 도시, 주검을 수거하는 살찐 개가 짖어대고, 유리 벽에 달라붙은 까마귀들 단조의 울음을 뜯는다 창가에 서서 시가를 태우는 늙은 곰의

정수리에는 빨대조차 꽂히지 않았다 피로 다져지고, 땀과 눈물, 사과 상자로 쌓아 올린 층층이 비린내가 물씬한, 빛깔 좋고 멀쩡한 저 허우대

천 년은 갈, 곰삭아야 깊은 맛을 내는 껍데기들의 무덤이 된

아직 떠오르지 않은

달이 뜨기를 기다린다. 손안의 패를 만지작거리며, 침 마르고 땀이 밴 손끝으로 향하는 눈빛을 외면하며 알전구 터지는 긴장을 즐기는

마지막 한 장, 늘 내 편은 아니었다. 꽃을 쥐고 만월을 기다리면 눈비가 내렸다. 달이 뜨면 꽃은 금세 졌고

막판, 마지막이 아닌 판이 없었다. 2등이 필요 없는

왼손은 믿을 수 없어 오른손으로 잡은, 나는 읽히고 읽는다. 상대방의 눈을, 숨소리를. 아직 달은 떠오르지 않았고, 각기 같은 꿈을 꾸면서 사뭇 다른

속임수를 쓸 수 없었다. 손이 잘린 다거나, 로또를 샀다거나, 생일 선물로 산 그녀의 속옷 사이즈가 맞지 않아서가 아니다. 마지막 한 번, 그분을 기다린다. 꽃은 손끝에 이미 피었다, 달만 뜨면, 달만 뜨면

삼월 초하루, 눈먼 토끼는 달에 살지 않았다.

신선한 영혼을 삽니다

눈을 감으세요
애써 보려 하지 마세요
나는 마법에 걸린, 마법을 거는 꼭두각시
오래 바라보지 마세요
제 마술은 헤쳐 나올 수 없는 늪입니다
보면 볼수록 점점 더 빠져들지요
종내는 영혼을 파셔야 풀리는,
나이가 어릴수록 쉽게 빠지고 추종자가 되지요
마법을 시연하는 그들의 현란한 몸짓이 경이롭고 아름답습니다
나는 예민하므로
무심한 몇 글자에 웃고 아파하고 분노하며
입이 없기에 감정 기복이 심합니다
반면에 저의 예의 없는 손톱에 할퀸 상처들이 가끔은 덧나기도 하지요
때론 노래도 부르고, 그림도 그리고, 영화와 드라마 웹툰도 보지요
사랑의 메신저가 되어
꽃바구니를 보내고 하트를 날리고 이모티콘이 폭발할 때 절로 관절을 꺾지요
마법에 한 번 빠져 보고 싶다고요
눈을 크게 뜨시고 천천히 스트레칭을 하세요

제 마술은 계산된 알고리즘대로 움직이는 거라 많은 연습이 필요합니다
순서를 잘 기억하세요 번호를 매겨 두어도 좋습니다
어렵다고요 곧 능숙해질 겁니다
밤을 새워도 좋습니다
다만 헐뜯고 비방하지는 마세요
준비되셨나요 그럼 함께 가실까요 요지경 같은 세상으로
잊지 마세요 함정이 많습니다 그러니
영혼에는 꼭 타임을 맞춰 놓으세요
알람이 울도록

김진수
강원도 주문진 출생. 2016년 계간 《시와세계》 신인상.
geobo52@hanmail.net

복룡리의 봄 외 4편

김해미

지금쯤 고향엔 배꽃이 천지일 텐데 고희는 족히 바라보는 우리 엄마가요 삼신할미나 되었나 봐요 쪼그랑 손에 둥근 붓 들고 암꽃과 수꽃 꽃가루받이를 한다나요 대낮 부끄러운 줄도 모르는 개 두 마리가 헐떡여요 알이 부화하기 딱 좋은 뜨끈한 햇볕 애 넷이나 부화시켰던 쪼그라든 배 아래 울엄마 빈 달항아리에 묵직하게 들어차나 봐요 한때 부풀었던 젖 같은 꽃이 비린 것도 같아요 노랑 띠, 까만 줄무늬 제복도 없이 꿀벌처럼 앵앵 배나무를 맴돌아요 따라올 벌떼는 없어요 천 평, 이천 평 너른 밭 나무 한 그루 허투루 보지 않는 야무진 솜씨로 그림을 그리는데 미술대회에서 상 받은 나보다, 어설픈 시 쓰는 나보다 날렵하고 정확해서 가을이면 엄마 젖가슴 닮은 황금빛 배를 깨물면 하얀 웃음 폴폴 호접처럼 날릴 것도 같아 보름달 아래 배꽃 지는 것을 우두커니 지켜보았어요

어떤 날

인적 드문 어촌 툇마루에 앉아
젖었던 기억을 말갛게 말리고 싶다
하오의 햇볕에 하얗게 표백하고 싶다
고양이처럼 무릎에 와 앉은 햇빛을 쓰다듬는 사이
가르릉 서서히 번지는 구름
비에 난타당한 멍든 바다의 얼굴 흔들리면
소라게가 햇살의 각도를 가늠하고 있다

오지 않는 사람은 오지 않는다

골목

어둑한 새벽길
별을 이고 나서는 곳

한낮에도 한 움큼 그늘을 남기는 햇살
나무 그림자가 저인망 친 골목으로
사내들이 하나둘 바다 걷어 돌아오면
아낙은 그물코를 훑어 잔챙이를 굽고

오체투지(五體投地)
만행(萬行)의
세상 모든 부표가 떠밀려 온 길 위로

다시 흰 달이 뜨고
돌담 푸른 그림자 돌아눕는 곳

바람을 사육하다

왕숙천 물 마른 바닥
억새가 내달린 천변
물기 날린 몸에
바람을 키웠다
발목을 잡고 정강이를 기어
겨드랑이를 들어 올린다
가슴을 지날 때 바람구멍이 난다
숨비소리로
일제히 날려 보내면
사람의 마을로 내달리는 늦가을
억새를 키운 건 바람이 아니다
바람을 산란(産卵)한 억새,
성근 몸을 툭툭 털어
겨울을 우는 흰 새가 되려
텅 빈 뼈를 가다듬는다
세상을 돌아온 바람이
어미 가슴팍처럼 안겨들면
점
점
점
점묘법으로
첫눈이 온다

미니 슈퍼(323.8km 밖)

누런 먼지 매캐한 신작로 말미
파뿌리처럼 영역을 확장하는 유리문의 균열
푸른 멍 같은 청테이프 얼기설기 꿰매 입었다
태생 같은 것이어서
주인은 아예 고칠 생각이라곤 없어
바람이 마실 다니는 길 끝
멱살을 잡고 흔들어도
갈빛 나무틀은 수행 정진을 멈추지 않았다

드르륵 밀리는 밤의 찌꺼기
햇살에 일제히 도열하는 먼지의 알알들 일순 수다스럽다가
다시 진열대 위에 터억 걸터앉아
거기에 머무르라는 계시록을 암송한다

없는 것 빼고는 다 있다는
세상에서 가장 작은 미니
세상에서 가장 큰 슈퍼
영어의 학력이라고는 ABC가 일생의 전부인
그는 모른다, 모순됨을

고무장갑이 추위에 동백인 양 붉어지고
쇠 수세미 원만한 가부좌
커다란 눈깔사탕 눈알을 구르는데
쿨피스 등등의 생산 일자가 기억을 상실해 가는
이 빠진 참빗마냥 듬성듬성 든 객에게
잉여의 몇 날이나 몇 달 더러는 몇 년의 숙성된 시간을 덤으로 내어주는
새우깡이며 고래밥 같은 세밀한 날 것들의
거대한 바다도 한 아름 들여놓은 슈퍼

커다란 판 두부를 뭉텅뭉텅 썰고
작은 콩알에 정화수 올리며
그는 하루 치의 농사를 지었다

뜨끈한 손두부에 탁주 한 병이면
울아부지 하루 양식으로 거뜬하고
머리뼈부터 꼬리뼈까지 한 몸 온전히 우려낸
콩나물국은 저녁 밥상에 올랐다

별이 고단한 하늘 깊이 몸을 묻으면
빗금 친 바람 자국은 이맛 골이 되었을까
머리에 성기게 내렸을까

눈발 분분한 밤
미니 슈퍼의 빛 한 줄기가 못내 그립다

김해미
본명 김경미. 전남 신안 출생. 2015년 월간《문학세계》 등단.
동인지 『고양이 골목』 외. howdare@naver.com

길을 잃다 외 4편

김 희 숙

돌아갈 곳을 잃었다
후미진 골목에 방치된 쇼핑카트
텅 빈 속을 드러낸 채
낯선 거리에 어울리지 않는 풍경이 되고,
대책 없이 내몰린 실직자처럼
숨이 긴 하루를 붙잡은 빈손에
사각의 모서리가 삐걱거린다.
힘겨운 먹장구름 지나고
휘청거리는 두 다리
무게를 덜어낸 빈 몸이 더 무겁다
흔들리는 몸, 헐거운 기억의 한계
현기증이 몰려온다
초조한 사각의 틀
바람의 결을 따라 제 몸을 맡긴다
행인들 무심한 시선이 머물수록
체념하듯 허공을 끌어안은,

버려진 배후는 이곳에서 사라졌다.

환승역

한자리에 있어도 시선은 서로 다르다

살아온 무게에 따라 그들이 바라보는 세상은
장밋빛이거나 회색빛,
햇볕이 비껴간 공원 모퉁이
네 명의 노인이 정물화처럼 각각의
풍경을 펼쳐 놓는다
적당한 간격을 유지한 채
허공을 읽고 있는 두 눈에
가늠할 수 없는 시간이 흐르고
길고 긴 하루해의 그림자를 따라
오가는 행인들 무심코 좇는다
그들에게 시간의 촉은 무뎌진 지 오래
헐렁한 가방을 뒤적거리며
잃어버린 삶의 조각을 더듬는 노인들
외발 지팡이를 붙들고
종착역으로 가는
환승역에서 무심히 대기 중이다

연(蓮)이 살아가는 방법

하늘을 이는 천성,
그녀만의 방식이다
미세한 떨림에도 촉각 곤두세우며
모서리를 결코 접지 않았다
따가웠던 볕마저
길의 끝자락으로 멀어져갔지만
맨살 비비며 잔뿌리들 안부에
진득거리는 어둠 속을 묵묵히 걸어왔다
팔딱팔딱 건너는 울음소리
계절을 꿰듯 분주한 생각들이
소리 없이 초조하게 젖어 들고,
여물지 못한 가슴에 한 바탕씩
찬바람이 빠져나가자 숭숭 뚫려버린 자리
오래된 집 부서진 창문 사이로
훤히 들여다보이는 먼지 쌓인 바닥처럼
현기증 같은 공중 레이스의 시간
박혀있던 기억들
겹겹이 침묵의 족쇄를 채운다
갈수록 깊어져 가는 길
돋보기도 지팡이도 없이
두엄의 계절을 건너가는 사이
얼룩덜룩 생의 페이지는 가벼워지고 있었다.

181번

생신상이라도 받고 가셨으면 하는
바람이 흩어졌다

높은 오름 전망 좋은 자리를 분양받고
십 년을 보전했던 하얀 침대 미련 없이 내주셨다

생생했던 표정이 지워지고
깊이를 가늠할 수 없는 낯선 문이 열리자
묵은 짐 다 버리고 삼베 한 벌이 전부였다

흙 한 줌씩 망연히
단단하게 담을 쌓는 그 길지 않은 동안
지팡이를 붙잡던 곡소리 시들해지고

아프지 말라 찻길 조심해라
이명처럼 맴돌던 당부는
소리조차 포갤 수 없는
한 뼘 먹먹한 거리로 사라지고

휘어진 아버지 가슴팍에 문패처럼
낯선 번호 181번 박혀있었다.

나뭇잎에 밑줄을 긋다

궁리한 흔적이 역력하다

끈질기게 베낀 문양이 뚜렷한
나무의 유전자가 빼곡하게 요약되어 있다

과거를 읽는다는 것은
완고한 뿌리의 시간을 이해해야 하는 것,
푸른 실핏줄 뒷면을 마름질하는 동안
몸 한 귀퉁이 막다른 골목길을 배회하기도,
팔랑거리며 방황하기도 했을 종족
풍등처럼 늘 불안하기만 하다

한바탕 계절의 터널을 지나자
생의 출석부에 호명되지 못한 순장된 이파리들
이제 새의 울음도 첨벙이든 빗방울도
희미해질 것이다

채록된 결을 쓰다듬는
바람의 숨결조차 말라가고 있다.

김희숙
제주 출생. 동인지 『나비 날다』 『꽃비, 내리다』 외.
khs5961@hanmail.net

겨울 쉼표 꽃눈 뜨다 외 4편

맹숙영

바람재 골짜기 후미진 곳
검불 덤불이 몸을 풀고 있다
어디서 왔는지 알지 못하지만
알싸한 매운바람에도
서로를 놓치지 않으려고
안간힘 쓴다
헝클어진 실타래처럼 얽혀
겨울 쉼표로 엎드려 있다
아직은 아니지만
입춘의 햇살이 살그머니 다가와
거푸집 사이로 손을 넣는다
살짝살짝 꼬집어 비틀어도
잔설에 엉겨 더욱 달라붙는다
고운 햇살마저 간질이며 거든다
마침내 하나씩
속옷 고름 풀리듯이 풀리더니
아 놀랍게도 아린 아픔이
연노란 움으로 치솟고 있다

내 서재 안의 QR코드

시공간이 혼합 태그되고 조명등 켜지면
서재 안은 물속처럼 깊어진다
서책이 벽을 이룬 서가 사이사이에
미라 된 시간 미로를 헤집고
좀비처럼 절뚝이며 걸어 나온다
지식의 보고 이 공간
어디 비상구 있었던가
몇 세기간의 집합소일까
데이터베이스에서 거대한
인식의 물줄기 줄줄 흘러내린다
형이상학의 꽃눈이 벙글고
낭만주의가 아련한 꿈속을 헤맨다
두레박 물 퍼 올리는 소리는 몇백 년 전일까
젊은 날의 꿈이 나래 달고 발버둥 쳤던 안간힘
빛바랜 영상 빈 허물로
수면에 떠 오르는가 하더니
산산이 부서져 현란한 춤으로 날아가 버린다
다시 오는 새벽을 인식함인지 원점으로의 회귀
사각의 QR코드 속으로
다시 제자리 찾아가는 시각이다

자작나무 겨울 숲

상트페테르부르크를 뒤로 핀란드로 가는 길
도로 양쪽 편 하얗게 덮인 눈밭 위로
끊임없이 펼쳐지는 자작나무 숲을 본다
'닥터 지바고' 의 영상이 클로즈업되어
마음은 이미 영화 속으로 빠져든다
머릿속에 '라라의 테마곡' 이 흐르고
명장면 시베리아의 설원이 오버랩 된다
푸른 냉기를 품고 질려 있는 하늘 향한 나무들
뒤꿈치 들고 미끈한 키를 늘이고 서 있다
그 우듬지 사이로 구름이 숨어서 지나간다
바람이 소용돌이치며 숲을 휘몰고 지날 때마다
길고 높게 늘어선 뼈들이 정강이 부딪치며
마른 마디에서 나는 신음이 신비롭게 들린다
자작자작 속삭임인지 탄식인지 비밀한 울림이다
어릴 적 할머니 대가댁 부엌에서
큰 가마솥에 조청 골 때면 아궁이에서 타던
자작나무 타는 소리 귀에 아련하게 퍼진다
푸르렀던 살 잎사귀들은 다 어디로 가 버렸을까
곁가지 흉터가 남긴 여덟 팔 자 모양 무늬는
쭉쭉 뻗은 미끈한 흰색 나목에 검정 각인을 새겼다
바람 들어 숭숭 구멍 난 겨울 무 속처럼
오늘날 젊은이들 다이어트 몸속 뼛골 다공이 와도

입속에서는 자일리톨 향기 퍼져 나오는 즐거운 모습
떨어진 씨앗들 흰 눈밭에 드문드문 보석처럼 박혀 있다
뼈들 소리 바람 타고 떠나는 길을
따라가는 북유럽 여행길이다

사순절의 아침에

어디 먼 데서 사그락
살얼음 풀리는 소리 들리는
해빙의 아침에
두 손 벌려 한 아름
햇빛을 보듬어 안고
당신 향하여 돌아섭니다

겨우내 찬바람 속에서
헐벗은 빈 가지로
서 있던 고난의 나무도
이제 부활의 날을 바라보며
황홀한 날을 위하여
새순으로 꽃불을 피우려 합니다

곧 다가올 찬란한
새 아침을 꿈꾸며
죄 없이 십자가에 달리신
당신을 생각할 때
경건한 침묵 속에서
당신의 찔림이 나의 허물인 것을
마음을 찢으며 울 수 있는 믿음으로
부활의 날을 기다립니다

달리다굼 일어나라

꽃이지는 밤이라도
바람은 꽃향기 실어오네
에오스 * 의 슬퍼하며 흘린 눈물이
새벽이슬로 젖네
어여쁜 여인이여
고통은 털어내고 눈물은 닦아요
귀를 열어 권능의 음성을 들어요
달리다굼 * 일어나라

* 에오스–새벽의 여신
* 달리다굼– '소녀여 일어나라' 는 뜻. 죽은 소녀가 다시 살아났다는 이야기

맹숙영
성균관대 영문학과 졸업. 시집 『사랑이 흐르는 빛』 『꿈꾸는 날개』 『바람 속의 하얀 그리움』 『불꽃 축제』

막김치 외 2편

박 미 화

학교 정문으로 가려면
골목길 미루나무를 지나고 석류나무
한 그루 서 있다
집단의 아이들이 한 아이에게 몰려들면
석류에서는 붉은 강이 흐른다

운동장을 지나고
나지막한 몇 개의 계단을 오르면
잔디가 뿌리째 뽑혀 있고
녹색 게시판은
교장실을 향해 무릎을 꿇고 있다

칠판은 비뚤어지고
백묵은 부러지고

책은 비어 있다
아이들은 그림자를 모아서 잘게 부수고
어떤 아이는 뒷산에서 뱀을 잡아 온다
돌연변이의 절벽
석류에서 노을이 떨어진다

그림자가 환하다
실눈 뜨고 보고 있는 사람들
아이들이 유리 창문 안에 갇혀 있다
창살 있는 문 안은 이미 포섭되었다

세상의 시선은 겨울이라는 것을
얼마나 차가운지 견디어 보라
어두운 근육이 찰칵!
소리를 내며 닫힌다

숙성되는 자만이 문을
나올 수 있다

개미

창을 내기 위해
나무 자르고 돌을 깔아 방을 만든다
낙엽과 통나무로 불 지피고
따스한 벽 만들어 바람 막을
지붕을 얹는다

나무는 울타리 되어주고
텐트 같은 동료들과
겹겹이 망사에 싸여 있는
수줍은 옥수수를 쌓아 올린다
등을 켜고 있는 숲은
벌레 소리와 마주 앉아 깊어 간다

지붕이 머리에 닿는 낮은 방에서 보면 하루
두어 번 들렀다 가는 버스가 있다
버스에서 내리는 친구나 가족은
새소리로 말을 한다 숲이 떠나가도록
소리가 커지기도 한다

농장 앞 마켓에서 일하는 줄리의 곱슬머리처럼
둥글게 생긴 길을 따라가 보면
앞이 트인 개울가가 있고
이웃집을 갈 때마다 만나는
말을 할 수 없고 들을 수만 있는
바위 같은 개울이 흘러간다

사람들은 그곳에서 낚싯대에 지렁이를
매달아 놓고 모양 없는 말을
놓치기도 하고 잡기도 한다

하루 이틀이 가도 나무는 자라고 있다

비빔밥

건강에 좋다는 이유로 잘 나가는 콩나물 못생겼다고 말하지만 없으면 허전한 호박볶음 몸에 좋다는 이유와 색상으로 고소한 시금치 무침 일편단심 조용한 심성 미역 줄기 빨강 루주와 빨강 옷을 좋아하는 무 생채 잘나가던 시절이 그리워 시간만 나면 과거사를 말한다

계란 후라이는 출생 성분이 명쾌하지 못하다 고추장이 마지막으로 툭 튀어나와

마이크를 잡는다 얘들아, 각자 따로 놀지 말고 동문, 하나 되자

명예동문회장님이신 잡채를 소개하겠습니다 옛날에는 동문이 적고 환경이 열악했지요 요즈음은 비빔밥을 고추장 소스 하나로 쉽지만 정식 밥상에서는 인정받지 못해요 우리는 몸으로 동분서주합니다 부족한 인원이 동문의 힘으로 하나가 되기 위해

많은 이들의 모임에 참석했습니다만 요즈음엔 몸소 뛰지 않고 맞춤형입니다 오 천년의 역사를 자랑하는 같은 문입니다

박미화

충남 대전출생. 1988년 도미 현재 미국 뉴저지 거주. 승전대학교 졸업. 중앙대학교 신문방송과 대학원 수료. 뉴욕일보 시단 기고. 2017년 계간 《다시올문학》신인문학상 붉은작업실 문학교실 회원.

낯 외 4편

박 병 원

마음 붓이 그려낸 저 낯 그림전(展)
천의 얼굴인 양 참 다양도 하다

분명 모델은 한 사람임에도
일었다 잦았다 하는 마음 붓 놀림 탓인가

활짝 갠 낯, 먹구름 낀 낯
비바람에 시달린 낯, 광대처럼 꾸민 낯

바람 잘 날 드문 삶 잘도 그렸지만
오직 내 마음 잡아끄는 작품 한 점

맑은 빛 은은하게 풍기는 바로 그 민낯
삿된 생각 떨치고 평상심이 그려낸 듯

바람 없는 날의 수면처럼 잔잔해
함께 이야기 나누고픈 낯익은 저 낯

빨간 스티커 하나 붙이자
수줍은 듯 볼을 붉힌다.

봄 가뭄

올 듯 올 듯하면서도
오지 않는 봄비

할퀴고 쩍쩍 갈라지는 대지
겉옷 벗지 못해 속앓이만 하며
깨어나지 못하는 새 눈들

물오른 싱그러움
알알이 올찬 영　의 꿈
그 꿈 말릴 대로 말리며
옥죄기만 하는 봄 가뭄

이 고비, 더 단단해지라고
담금질하는 숨 막히는 고갯길
꽃눈 피우고야 말겠다는 다짐
한 생의 끈 놓지 않는다

온몸 으스러지도록
어둠의 벽 두드린다
안간힘의 즙 쥐어짜며

마른 목 흠뻑 적실
생명의 젖줄 기다린다.

집중호우

게릴라 군단의 기습적인 융단폭격
방사포처럼 집중 투하되는 물 폭탄

고지를 삼키더니 계곡을 덮친다
산이 흘러내리고 강이 하혈한다
울타리 허물고 삶의 둥지 초토화시킨다

목줄 잡고 애 말리던 가뭄의 꼬리 물고
죄 없는 명줄까지 한입에 삼키다니
검은 피 태생인 네놈 심보 어디 가겠느냐

겨울에서 여름으로 봄을 앗아가듯
가뭄에서 물난리로 돌변한 네놈
단비 외면하고 물 폭탄 마구 퍼부을 줄이야

자연법 어긴 죄목으로 네놈을
하늘 법원에 제소한다, 천벌 받을 놈

당했습니다

어젯밤 당했습니다, 그놈에게
온몸 갈기갈기 찢기고
채 여물지도 못한 여린 속살
여지없이 짓밟혔습니다

그 야수 같은 놈이
내 삶의 울타리를 할퀴고 물어뜯고
기습적으로 쳐들어왔습니다
보금자리 쑥대밭 되고 말았습니다

지긋지긋했던 가뭄과 물난리에
용케도 목숨 이어왔었는데
끝내 그 망나니 같은 몹쓸 놈이
피밭을 만들고 말았습니다

망연자실, 일할 맛 싹 가셨습니다
밥값 한 푼 내지 않은 무전취식
고약스런 멧돼지 그놈에게
내 고구마밭이 어젯밤 당했습니다.

나비효과

나비의 날갯짓이
거친 비바람
몰고 온다

거기 맞서다
무참히 꺾인 나무들
본 체도 않고

저만 살아남겠다며
힘센 바람에 빌붙어
너풀너풀 춤추며
아부하는 나무들 많다

거친 비바람
대지를 살라 먹도록
불난 집 부채질한
저 부역자들

박병원
경북 울진 출생. 《다시올문학》 신인상.
동인시집 『슬픔의 각도』 외. bwp518@hanmail.net

나에 대한 사소한 기록 외 4편
-행주대첩비에 걸린 달

서 영 용

추석 전날 방화대교 밑에 쪼그려 앉아 물끄러미 한강을 바라보니 강태공이 추석 달을 낚고 있고 강 건너편엔 행주산성의 산 그림자가 든든하게 어둠을 붙잡고 있다. 하얀 행주대첩비가 불빛을 받으며 대들보처럼 버티고 서서 2009년 도시를 가로지르는 기적의 한강을 지켜본다.

고향 선조 김천일 장군이 행주산성 전투에서 큰 공을 세우셨다.

1997년 여름, 문학에 흠뻑 빠졌다. 나주 남산에 올라 김천일 동상에서 시어를 낚던 아픔이 행주대첩비를 바라보는 동안 가슴을 에이게 한다.

쓸쓸한 강바람이 얼굴을 감미롭게 애무하자 경제사 공부의 한 토막이 가슴 속에서 불쑥 튀쳐나오는 것은 왜일까? 내년 G20 정상회의가 한국에서 열린다는 사실에 설익은 감성으로 행주대첩비를 우두커니 바라본다.

경제가 얼고 마음마저 컴컴한 밤 지구촌에 이념이 사라진 뒤 잦은 경제 파고가 오늘 밤 행주대첩비를 돛대처럼 보이게 한다. 이제, G20 영원하여라!

행주대첩비에 걸린 달이 차례상의 접시 물처럼 떠 있다.

장바구니 물가지수

날씨에 따라 물가지수는 변동이 심하다
날이 추워지자 채솟값이 올랐다
장바구니 물가지수의 상승 폭이
공식적인 상승 폭보다 크다는 불평은 오랜 상식
독신생활에 장바구니 물가에는 둔감하고 가난한
주머니는 가격이 오른 상품만 눈에 띈다

오랜만에 고추 상추 된장 돼지고기를 산다
물가가 많이 올라 지갑의 돈이 훨씬 부족하다
장바구니 물가를 알려고 마트 진열대를 돌며
공산품과 농수산물에 붙여진 가격을 외운다
이삼천 원 가격대가 제일 많고
주부가 손이 작은 이유를 알겠다

4월 추위가 빈 주머니를 더욱 썰렁하게 한다
재래시장 하나로마트 단지의 개인 마트까지 돌며
신선도와 품질의 차이 가격과 양의 차이를 느끼며
물건값을 살뜰히 비교한다

물가지수가 높을수록 마음은 무겁고
바구니는 헛개나무처럼 가벼워진다

기차여행

매경이코노미 표지사진을 보며
지난가을 기차여행을 떠올린다
해운대 동백섬 치솟는 아파트마천루
동백섬 벤치에 앉아 시를 썼던 추억
누리 마루 APEC 하우스 유리 건물은
10월의 햇살을 받아 눈이 부셨다
보이지 않는 애덤 스미스의 손이
나의 머리를 쓰다듬었다

관광버스를 타고 자갈치시장도 가고
시내를 구경하며 항구에 즐비한 컨테이너
세계 경제의 지표를 말해주고 있지만
경제 흐름이 궁금해진다

3월호 표지 기사는 부산경제를 다루고 있다
자동차 선박 수출로 제2의 도시인 옛 영광을 재현하듯
울산 거제 창원, 공업지역의 활성화에 한몫한 부산항
거가대교 개통으로 물류를 절약한다

사진 속 해운대의 파도처럼 경제 흐름이 출렁댄다

신발을 길들이다

평년보다 세배나 많은 강우량을 보이던 장맛비
한 달 만에 그치고 폭염이 시작되었다
이마트에서 오만 구천 원 준 프로스펙스
육상화를 신고 오랜만에 산책하러 나간다

낯선 새 신발이 딱딱한 성깔을 부린다
10년간 신발장을 지킨 팔만 원짜리 퓨마 러닝화
버려야 하는데 삼 년간 산책을 다닌 정이 들어
중랑천을 걷다 작심삼일하고 신발장에 모셔 놓았다

때론 러닝머신 위에서 함께 뛰고
산책으로 기도시간을 마련해 준 고마운 벗
내 마음에 꼭 맞는 신발
장맛비에 바닥에 물이 스며들었다

오늘 한강 산책길에 따라나선 새 친구
얼마나 함께 운동하고 명상할 것인지
한동안 마음을 맞출 때까지
절뚝거리며 걸어야 한다

생존법칙

한국은행이 물가상승을 염려하며 기준금리를 올렸고
언론은 물가 불안에 대한 대책마련을 연일 쏟아 낸다
매경이코노미를 공부하며 불안한 경제를 짚어 본다

경제회복 지속으로 원자재가격이 오르고
폭설과 이상기온으로 쌀보리 배추 마늘 콩값이 올랐다
덩달아 구제역 발생으로 돼지 소고깃값이 폭등했다

단골 식당도 천 원 인상했다
나의 공부방인 독서실비도 만 원 인상했다
월급은 제자리인데 생활비는 자꾸 커진다
십만 원을 헐면 금방 날아가 버린다

지금은 마이너스금리 시대
증권 펀드는 겁나서 푼돈 모아 적금을 한다
서민은 덜 먹고 덜 쓰는 게 유일한
생존법칙이므로

서 영 용
전남 나주 출생, 세종대학교 경제학과 졸업
2010년 《다시올문학》 신인상, 동인시집 『느슨한 저녁』 외
seoyoungyong@hanmail.net

지리산 외 4편

송 기 남

지리산 햇살이 마실 오면
골짜기 메운 구름 구절초 향기를 담아
계곡과 계곡을 감고 천왕봉을 넘어
쌍계사 화엄사를 둘러
섬진강으로 간다

어머니를 두고 떠났던 사람은
은은한 기도로 안아주고
아버지를 두고 떠났던 사람에겐
안개에 실린 목탁 소리로 감싸고
고향을 뒤로 떠났던 사람에겐
복분자와 재첩으로 맞이한다

말 없는 저 산은 탄생과 삶의 인연
한 발자국씩 옮겨 끈끈히 잡아 온 긴 시간
노고단 원추리 마음으로
크고 작으면 높고 낮음 에도
변함없는 애정을 보낸다고
천왕봉 다람쥐 까딱까딱 인정한다

이사

책과 옷 그릇이 추억을 안고
묵은 먼지까지 손과 입을 거쳐
이별 한다

태양과 두터운 어둠이
산 넘고 강 건너 내게로 와
함께한 공간 속

소중한 것이 떠날 때마다
꿈틀대는 추억
삶의 한쪽이 기울지 않도록
새로운 싹을 틔운다

지렁이

온몸으로 기어 나온 것이

거기더냐

세상 구경하자고
후회와 번민으로
도착해 보니 반겨주는 이
얻은 것 있더냐

거기까지만 하렴 더 나아가지 말고
보는 이의 아픔도 고통으로 남으니
모든 것 버리고 가야하는 그 길엔

말라버린
너의 길만 남아 있구나

나눔

하루를 넘어
또 다른 하루가 오면
끝날 수 없는 일로
다시 찾아야 하는 시간

누구나 주어진 삶의 무게에
발걸음의 깊이마다 느껴지는 체온은
주는 손길도 받는 마음도
어울림 속에서 점점 원으로
하나 되어가고

나눔의 삶은
따뜻한 가슴으로 이어져
서로의 행복을 채우며
또 다른 사랑을 이어 간다

오늘, 지금
위대한 당신이 있기에

바람 같은 사람

예수와 붓다
무진 선달이 왔다가 갔다
바람이 부는 데로

그 바람은 세상을 돌며
아픔과 슬픔 기쁨과
웃음으로 바꾸고 있다

머물지 않고 왔다 가도
따스한 온기에 바람 같은
사람을 기다리며 바람같이
살다 가야 하는 별자리라 여기며
끼룩끼룩 세상을 돈다

잠시 머무르는 듯 무엇이
등을 미는지도 모르고

무진 송기남
《서라벌문예》 등단. 한국직업전문학교 교장.
시집 『행복찾기』 『오늘』 koca7@ hanmail.net

참깨의 영혼 외 4편

송 옥 임

나는 참깨의 영혼입니다
무리에서 이탈한 외로운 영혼이죠
그리하여 나는
어둠 속에서 둥둥 떠다닙니다
길지 않은 나의 생이 곤두박질치며
과거와 현재와 미래를 생각해 봅니다
물론 내게 미래는 없습니다
인간의 손에 의해 익히고 볶이어
하수구를 향해 둥둥 떠다닐 뿐입니다
과거와 현재와 미래를 안고
둥둥둥 떠다니다 스러질 운명
행복한 적이 있냐고 묻진 마세요
내게도 푸르던 시절이 있긴 했지만요
살아남은 극소수 낱알들이
아마도 대를 이어 참깨를 잉태하겠지요

나를 깨워

내가 잠자고 있다
너무나 오랫동안 잠들어 있다

나를 깨워야 한다
길고 긴 잠에서 나를 깨워야 해

내가 잠자는 동안
세상이 변하고 또 바뀌었다

어디서부터 어디까지
손을 써야 할지 가늠할 수가 없다

부스스 잠 깬 내 얼굴엔
아무런 표정도 그려지지 않고

물론 내 머릿속에
아무런 생각도 떠오르지 않는다

그저 조금 쉰다는 것이
너무나 깊이 잠들어 있었다

나를 깨우고 일으켜
세상 밖으로 내보내야 한다

내가 나에게

너에게 그 길은 예정된 길이었어
너를 향해 펼쳐진 그 어떤 길도
힘들고 힘든 고난의 길이었지
너는 자꾸 비틀거렸지만
아무리 힘들어도 주저앉지는 않았어
꿈꾸고 절망하기를 수없이 번복하면서도
아이들의 앞날을 위해 노력하고 애써왔지
단 한 번도 풍족한 생활은 하지 못했지만
부끄러워하거나 비굴해지지도 않았어, 인정해
앞으로도 수많은 날이 너를 힘들게 해도
굳건히 버텨 주리라 믿어 의심치 않아
숱한 비바람도 견디고 견뎌
마침내 깊고 깊은 바다를 이루어야 해
때론 높고 높은 산이었다가
꿈꾸는 바람으로 세상을 휘돌아
너의 인생이 아주 끝날 즈음엔
온몸으로 번져오는 고통에 서러워 말고
조용히 지나온 길을 뒤 돌아보며
웃는 얼굴로 손을 흔들어
세상의 모든 이별과 작별을 고해야 해
그래도 세상은 아름다운 거야

안 가도 되는 일들

전주비빔밥 먹으러 전주에
춘천 닭갈비 먹으러 춘천에
마산 아귀찜 먹으러 마산에
포천 이동막걸리 먹으러 포천에
평양냉면 먹으러 평양에
원주 추어탕 먹으러 원주에
안동찜닭 먹으러 안동에
제주똥돼지 먹으러 제주에
횡성한우 먹으러 횡성에
잔치국수 먹으러 잔칫집에 안 가도 되고

임금님 표 이천 쌀 사러 이천에
청양고추 사러 청양에
의성 마늘 사러 의성에
영광굴비 사러 영광에
파주 장단콩 사러 파주에
완도 미역 사러 완도에
대관령 황태 사러 대관령에
울릉도오징어 사러 울릉도에
문경사과 사러 문경에
상주 곶감 사러 상주에 안 가도 된다

양파를 까면서

무심코 양파를 깠다
겉껍질을 까고 다시 속껍질을 깐다
향기롭고 매콤한 기운이
코와 눈을 자극해 온다
서럽지 않은데 눈물이 난다
언제 흘려본 눈물인가
내 눈에서 눈물이 마른지가
너무 오래되어 울었던
기억이 나지 않을 지경이다
아주 사소한 일에도
자주 눈물을 흘리곤 했는데
어느 순간부터 눈물이 말라버린 걸까
가만 돌이켜 생각하니
어머니가 돌아가신 뒤부터
철철 눈물 흘리며 울어본 기억이 없다

송옥임
2003년 시집 『하얀 그리움』으로 작품 활동
2007년 《다시올문학》 소설신인상 soi7918@hanmail.net

익어가는 감 외 4편

신동렬

감 하나가 땅으로 떨어진다
부여잡을 힘이 쇠해서가 아니라
놓아야 할 때를 안 때문이다

인간보다 조금 높은 곳에서
평생 거꾸로 매달린 감은
세상 내려다보며 깨달은 거다

생명이 있는 우주의 만물은
손에 쥔 걸 언젠가 놔야 하고
채우고 비우는 때를 아는 게
진정 익어가는 삶이라는 걸

물처럼

부딪쳐도 상처주지 않고
낮은 곳 외면하지 않고

너에게 맞춰도 나를 잃지 않고
나로 살아도 고집하지 않고

올려다보지 않고 낮은 데로 임하고
흐려지면 고요해 스스로 맑아지고

고개 치켜들고 시비로 가르며
나만 옳다는 세상 가끔은

달빛

어슴푸레 달빛이 곱다
태양처럼 빛나진 않지만
어두운 밤길 비추기엔
은은한 달빛이 맞춤이다

만물 비추겠다고 뽐내는
두둥실 보름달이 정겹고
밝음이 희미해 수줍어하는
눈썹 빼닮은 초승달이 살갑다

만 갈래 세상 길이 어디
휘영청 밝기만 하겠는가
이길 저길 걷다 보면

등 뒤 고요한 달빛이
눈부신 햇빛보다
발길에 편할 때가 있나니

매달린 운명

천 길 낭떠러지
숨 막히는 바위 틈새에
꽃 하나가 달랑 매달려
계곡을 하늘처럼 올려다본다

현기증 난다고
몸부림이라도 치면
매달린 생명줄 끊어질까
숨죽인 채 숨만 내쉰다

살랑대는 바람 시원하다고
들판의 꽃들 벙실대지만
흙 몇 톨에 운명을 맡긴 꽃에겐
생명의 뿌리를 뽑는 허리케인이다

가끔은 바쁜 걸음 멈춰
거꾸로 매달린 꽃을 올려다봐라
누가 알겠는가

당신의 그 따뜻한 시선이
흙 한 줌에 몸을 맡긴 꽃에겐
운명을 버티는 힘이 될지를

이중 잣대

넉넉한 자로 재니
나는 늘 넉넉하고
부족한 자로 재니
너는 늘 부족하지

그건 당연하지
길이가 같아도
눈금 다르면
수치가 바뀌니까

참 이상하지
잣대가 하나면
너와 나 견주기 편하고
어긋남도 적을 텐데

왜 굳이
가지고 다니기 불편하고
잴 때마다 헷갈리는
두 개의 잣대를 쓰는지

신동렬
고려대 영문과 졸업 한국경제신문 뉴스속보부 국제부 기자 역임
2017년 계간 《다시올문학》 신인상, 저서 『굿바이 논리야』 『내 인생 10년 후』 『구겨진 마음 펴기』가 있다.

소나기 외 4편

신 현 복

느닷없이 다짜고짜
마음대로 아무렇게나 들이닥쳐
마구 방언을 쏟아붓고는
아무 일 없는 듯
뚝 시치미 뗀다
그래도 난

네가 좋다

향일암에서

일출 시각 한참 지난 향일암
관음전에서 바라보는 바다가 절경이다
신년 일출 때는 진짜 난리겠어요
절 초입 식당 아낙에게 말을 건네자
말도 마세요, 난리도 그런 난리가 없어요
육이오 적 난린 난리도 아니라니까요
복을 빌러 와서는 왜들 그러는지
도로 아미타불입니다요 도로 아미타불,
나무아미타불 관세음보살
경을 외듯 중얼댄다

갓 버무린 돌산 갓김치 톡 쏘는 향이
기막히다

천리포

가까스로 닿아
그냥 잠깐 멍때리다가
간다

천리포에서는 바람도
그랬다 파도도
그랬다

섬 하나
저만치서 마냥 멍때리고
서 있다

갱년기

가끔은 등 돌려 눕기도 하지만
여전히 한 침대를 쓰고
새벽 외출에도 핸드폰 알람
함께 맞춰 놓고 눈 비비며 일어나
옷 꺼내 주고 소지품 챙겨 주고
현관까지 따라 나와 눈 맞춰 주는 게
여간 녹녹한 일 아니라는 거
다른 사람들 얘기를
들어 알지요

밖에서는 마찬가지
어림 택도 없는 척합니다
욕 바가지로 먹거든요
속으론 고맙고 감사한 마음입니다
나도 뒤척이며 밤잠 설치면
'당신도 이젠 갱년기네요, 갱년기'
뭐랄까 그래 쌤통이라는 듯
실실 웃을 때는
괜히 섭섭하기도 하고
조금 얄밉기도
합니다만

청포도

저리 조그마한 가슴으로도
한 계절 치의 바람과 구름과 햇빛을
모두 다
담을 수 있구나

신현복
충남 당진 출생, 《문학.선》 2005년 등단
현재 (주)한라 홍보팀 부장이사 시집 『동미집』 『호수의 중심』
clstone@halla.com/ clstone@halla.co.kr

책방에서 사랑에 빠지다 외 2편

양소연

그가 내 앞에 있었다
책이 꽂혀있는 좌대에서 시집을 고르고 있었다
찾고 있던 시집을 그가 들여다본다
집어든다 읽어본다
'내 생의 중력'
가지고 간다
나도 따라 집어 든다
그를 또 몇 칸 건너 책장에서 다시 만났다
심리학 코너
찾던 책을 그가 또 집어 든다
'내 마음을 읽는 시간'
나도 그 책을 집어 든다
여러 책장을 돌며 책을 고르다
계산대 앞으로 간다
그가 바로 내 앞에 서 있다
들고 있는 두 권의 책이 똑같다
계산을 끝내고 나가는 그를 따라갈 뻔했다
집으로 가는 방향을 놓쳐버렸다

걱정

밤새 씨름을 한다
껴안고 산 지가 수십 년이 넘었어도
끝없이 새로워서 낯설고 어렵다
오래 껴안고 잠들었던 인형처럼
손 떼 잔뜩 묻어 익숙하다가도
문득 또 두렵다

내가 만들어내기도 하고
남들이 내 목에 걸어놓기도 한다
쓸데없이 뿌리도 깊고
잔가지도 많아 자꾸 부풀어 오르면서
끈질기게 따라온다
구겨 넣어도 넣어도 어느새 떠올라
사색이라는 가면을 쓰고
무자비하게 싸움을 걸어오다
이젠 아예 장신구처럼 매달려있다

숨이 제대로 쉬어지지 않는다
가슴에 붙어 있던 것들
부서져 밖으로 나올 것도 같아
큰 숨을 몰아 보지만

정작 놀라는 것은 나다
떼려야 뗄 수 없는 공생의 관계

세상에 대한 지극한 애정이라고
왜곡된 답 하나 내어놓고
걱정 하나 덜어낸다

양구 약국 안 풍경

아까부터 엄마는 조른다
아가, 립크림도 사고 파스도 사고
영양제도 사야 한다
아니야 그런 거 필요 없어
아들은 없어도 괜찮다고
막무가내 거절이다

빡빡 깎은 막내아들 머리
쓰다듬고 또 쓰다듬고
얼굴을 들여다보고 또 보고

힘들고 추웠을 텐데
생각보다 얼굴이 덜 상했네
엄마 말대로 PX에서 달팽이 크림을 사서 발랐지
어, 그건 엄마 사달라고 한 건데
아하 그랬던 거야 서로 보며 웃는다
웃음 끝의 눈물이다

이렇게 추운 곳은 처음이야
여름에도 춥다네 부대에는
5월에 눈 온 적도 있대

저녁까지도 노란 은행나무 동화 속 마을
하룻밤 드센 바람에 홀랑 옷을 벗어버린
황량함에 놀란 마음 서로 말도 못 꺼낸다

춥다 아가
이것도 사고 저것도 사야지

*양구 : 휴전선에 접해있어 국방상 중요한 요지이며 군부대가 많이 있다

양소연
강화출생, 덕성여대 국문과, 2014년 계간《다시올문학》 신인상
글샘 동인, 동인시집 『휘돌다 구부러진』 외 10권
ysy19kr@hanmail.net

노숙의 높이 외 4편

오 영 록

노숙의 높이를 위태롭게 바라보던 시선이 불안하다
언제 저리 낮은 안정감을 본 적 있었던가

모두가 버린 저 눈높이
가장 편안하고 안정된 좌선의 높이로
볼 수 있는 만큼만
보이는 만큼만
한 번도 올려다본 적 없는
내려다만 보는 시각

저 평등한 직립
저 평등한 보행
저 보편적 높이
아무런 가식도 없는 높이
아름다운 것도 휘황찬란한 것도
부도 명예도 권위도 없는 저 아름다운 높이

욕망은 저 앉은 눈의 높이 위에 존재하는 구름 같은

그저 각기 다른 목적지로 향하는
각양각색의 걸음들뿐
이것도 저것도 아무것도 보이지 않는
진정 아름다운 저 좌선의 높이

충이(充耳)

이 슬픈 소리를 더는 듣지 마세요.
새소리도 바람 소리도
이제 이승의 통로를 닫을 겁니다

세상과의 통로가 이리 좁았다니
누군가 담장 밖에서 불러도
못 들은 척
아니 이제는 들리지 않겠지요.

어떤 피붙이의 애곡哀哭도 듣지 마세요
걸음이 떨어지지 않을까 봐

이 충이를 드립니다.

아무 생각도 밖을 기웃거려서도 안 돼요
걸음을 떼어 놓을 수 없을 테니까요

이승의 그 어떤 소리도 안 들리죠
고이 걸음을 놓으세요.

생전 영혼이 드나들던
그 문을 이제 닫습니다.

접(椄)

목(目)으로 느닷없이 칼이 들었겠지
사선 또는 십자로

칼날은 대동맥을 갈랐고
벌어진 틈으로 목마른 또 따른 목이 꼽혔다
잠시 기절한 듯 감겼던 눈이 뜨이고
혈색이 돌기 시작했다

나의 목 칼자리를 발견하지만, 그는 살아야 한다는 의지가 너무 강했다
물꼬 트이듯 동맥은 흡혈이 시작되었다

나로 인해 저로 살아가는 새 생명
나보다 더 붉은 약속을 매달겠다는 다짐에
생각을 뭉텅 내주었다

내가 잘려나가는 만큼 저는 살지고
이적(移籍)의 증표로 도장밥 같은 꽃을 붉게 피우고
열매를 달았다

눈이 잘리고 입은 닫혔지만, 상상 속 달콤한 포만의 취식(取食)으로

너는 붉디붉게 익고
이 열매가
나인지 너인지
알 수 없는, 나도 너도 아닌
혹,

우리.

학문신(學文神)

현존하는 물건은 어떤 것이든 신이 존재한다고 믿고 섬기는
바다 건너 게다를 신고 다니는 사람들

별별 신이 다 있기에 학문신이라는 말에
항문(肛門)에도 신이 있는 줄 알았다

학문신을 모시는 신사라니 무시무시한 고서거나
경전이 빼곡하거나 어떤 명문 구절 장엄한 휘호 하나 있지 않겠나 했다
아니면 학문이 높은 분이거나
서재쯤은 아닐까?

천오백 년쯤 되었다는 정자나무가 그 옆 천년 되었다는 나무를 품어
연리지가 되었고 그 뒤로 어마어마한 너와로 지은 신사에 모신 저 신은
얼마나 대단하실까

지국천왕(持國天王)
증장천왕(增長天王)
광목천왕(廣目天王)
다문천왕(多聞天王) 도 동자승도 없다

한 자루의 붓도 수만 권의 경전도
명구 휘호 하나도 없다

앉아 있어야 할 부처님은커녕
손바닥만 하여 돌려 볼 수 있는
동그란 양면 거울 하나
덩그러니 놓여 있을 뿐

학문이란 자신의 앞뒤를 돌려가며 골고루 살피라는 것인지
신은 신이어서
아무런 말이 없다.

계절의 은유법

계절은 무명 시인이다
한 시진(時辰)도 설명하지 않고 그저 보여만 주는
그것도 직설법이나 과장법도 쓰지 않고 늘 현재법으로만 쓰는 시인
기승전결을 확실히 구분하여
호미가 읽기 쉽게 망치가 알기 쉽게 가끔 의성법이나 의태법으로 써 놓으시는

밤새 소리 없이 하얀 백지를 펴 놓으시고
토끼 발자국이나 고라니 발자국으로 도면을 그려 놓으시고 멀찍이 서 있곤 했다
손을 호호 불며 이렇게 읽어보기도 하고 저렇게 읽기도 하다가
잘 읽히지 않으면 발을 동동 구르기도 했다
어쩌다 첫 문장부터 잘 읽히는 날은 저수지 얼음이 쩡하고 무릎을 치기도 했다
그렇게 읽었다 싶으면 슬그머니 다음 문장을 놓는다

논두렁이며 밭두렁으로 아지랑이 울타리를 쳐 놓고 종달새에게 낭독하게 했다
빨리 이해를 하지 못하면 한자리에서 도돌이표처럼 반복법으로 아주 오래 읽기도 했는데

그럴 때마다 개나리가 제비 입으로 삐죽거리기도 했다
아무리 갸웃거려도 이해를 할 수 없어 까닥까닥 졸 때면
담장 밑이나 산비탈 단애 지에서 민들레며 쑥부쟁이가
귀를 쫑긋쫑긋 세우기도 했다
겨우 내가 읽을 때면 문장은 벌써 초록으로 너울거렸다

본론으로 접어든 계절은 뜨겁고 긴 문장으로 내놓는다
가슴을 열고 귀를 열고 읽으려 해도 어려운 문장
옷을 벗지 않고는 읽을 수 없는 문장
깨우침이 부족한 귀로는 가끔 하늘이 흔들리도록 큰 소리로 꾸짖었다
그때 심장이 파르르 떨리기도 입술이 파래지기도 했다
긴 문장을 다 읽지 못하는 날엔 반딧불이 불을 밝혀주기도 했고
그래도 못다 읽은 부분은 매미가 독송해 주기도 했다
졸음이 밀려오면 모기가 이마며 팔뚝을 비틀어 꼬집으면서 깨우기도 했다

그렇게 잠을 설치다 보면 슬그머니 연분홍 연시로 마지막 문장을 내놓았다
댓돌 밑으로 장타령 한 소절
나뭇가지마다 붉은 낙관을 놓아주기도 하고

만곡이 고개 숙여 경배하는 거룩하고 위대한 문장을 주기
도 했다
이즘 돼서는 강조법, 상징법, 과장법을 쓸 만도 하지만
창천으로 총총 은하수를 살며시 밀어 놓으시며
풍유법 한 문장으로 슬그머니 갈무리하곤 하셨다.

오영록
계간《다시올문학》 신인상, 문학일보 신춘문예, 청계천문학상, 경기도 전용서체 공개기념 SNS시(詩) 공모전 대상(2017), 시와 그리움이 있는 마을, 빈터, 탄천문학 동인. 시집 『빗방울들의 수다』.
cy3213@hanmail.net

바다의 그늘 외 4편

우 애 자

비명을 안으로 삼키면서
깊은 바다는 속을 보이지 않는다

넘어져 깨어지고 상처가 나도
멈추지 않고 잠시 휘돌아
다시 길을 찾아
낮은 곳으로 흘러가는 물살

어두운 심해 속으로 빨려드는 운명
시기 질투 비난의 파도가 밀려와도
싸우지 않고 조용한 파문으로
덮어주는 깊은 바다는 말이 없다

강한 힘으로 억압해도 굴복하지 않고
자신을 드러내지 않는 낮은 자세로
묵묵히 한 길로만 나아가는 깊은 의지
모든 것 다 받아주는 넓은 바다

하루에도 몇십 번 해안 절벽을 향해
몸 부딪치면 파도치지만
속을 달래며 제자리로 돌아가
자신을 지키는 심해는 잠잠하다

잃어버린 시간을 그리다

내 안의 빈집을 두드린다
대낮인데도 캄캄한 빈방에서 사라진
시간을 기억하며 글로 출발을 한다

절망의 폭우가 쏟아지던 날
적막과 가난이 비호처럼 지나간
지난 세월에 밑줄을 긋는다

넘어지면 일으켜 세우는 시맥을 따라
발목에 달라붙은 고독을 털어내며
가없는 길을 걸으며 견뎌왔다
낮은 밑바닥에서, 가장 깊은 동굴에서
점점 작아지는 신음과 함께 태어난 시,

어지러운 마음의 존재를 닦으며
소멸에 가까운 인생을 닦는다
푸른 촛불이 환하게 비췄으면

지워진 지문

숨만 쉬면서 살아온 시간
온 힘을 다해 삶에 집중하는 동안
어둠 속에서 지문이 닳아 지워졌다

꽃의 계절이 오고 가는 동안에도
삶은 언제나 고달프고 쓸쓸한 것일까

가벼운 마음으로 움츠린 날개를 펴
창공을 자유롭게 날 수 있는 새처럼
훨훨---

지문을 잃고 뒤척이는 자정
자신의 길을 만드는 일이란
살아온 날들 조금씩 지워가는 일임을

지금까지 살아온삶에 선명하게 새겼던
손가락의 무늬 사라진 지문을 찾아
석양을 붉게 물들인다

삐뚤어진 손목

얼었다 녹아내린 빙판이 된 경사길
미끄러져 허공에 떠오른 삶의 무게,
오른손이 받으려다 손목이 어긋났다
자글자글 소리 나는 손목
손수건으로 꽉 졸라매고
일과를 끝내고 병원에 갔다
어긋나고 뒤틀린 시간 속에
석회 붕대 감는 손목
혹독한 슬픔이 뼈마디마다 파고든다
오랫동안 얼었다가 녹아내린 고통
가끔 식사할 때, 붓글씨 쓸 때
삐뚤어진 손목 젓가락을 떨어뜨리고
무딘 감각에 붓이 지렁이 길을 만든다
"죽어서 없어질 몸""
"몸 아끼지 말고 일 해야 한다"
귓전에 맴도는 어머니 말씀에
일밖에 모른 삐뚤어진 손목
맑디맑은 영혼이 위로한다
괜찮다, 연연하지 마라
여유로운 마음만 공중에 떠올라
휘휘 휘호를 긋는다

다시는 붓을 잡을 수 없지만
정신만 똑바로 차리면 만사형통!
아픔도 새로운 도약을 꿈꾸는 힘이다

기억 속 뒝벌

할아버지 걸음을 옮길 때마다
바지에 매달린 빨간 꽃 주머니
출렁거리며 앞서간다
지게에 담긴 노란 참외 꽃
덩달아 흔들흔들 춤춘다
칼날 같은 눈, 한 바퀴 휙 돌아보는
뒝벌 같은 소매치기
꽃 주머니 노려보며 바짝 따라붙는다
호기심 많은 소녀 살금살금 따라간다
시끌벅적한 시장 안에 들어설 때
볼록한 꽃 주머니 긴장에 떨었다
"할아버지 빨간 주머니"
스리슬쩍 손이 닿는 순간
쓰리꾼 획 돌아서며 눈 깜짝할 사이
정강이를 차고 비호같이 사라졌다
번개가 번쩍 지나가는 아찔함
폭삭 주저앉아 어둠 속에서
아픈 정강이 만지며 눈을 뜨니
의협심이 씁쓰레하게 미소 짓는다

우 애 자
2010년《다시올문학》등단, 가락동 우일수산 대표
시집『새벽을 열다』 aarym@naver.com

꽃에 대한 예의 외 4편

우 옥 자

초록색 음식물 봉투에 버릴까
노란 특수 쓰레기봉투에 넣어 버릴까

시들어버린 꽃을 버릴 때
아직 향기가 남아 있는 저 꽃잎은 어쩌나
거추장스런 잎 뻐센 줄기 부러뜨려야 하나
순하게 썩어 버릴 동안
기다려줄 땅 한 평 어디에도 없다

오래 입은 속옷을 버릴 때
두 개의 꽃을 감싸던 브래지어
꽃물 빠지기도 전에 얼룩진 속곳들
미열이 남아 있는 체취

자고 나면 빠지는 머리카락과
초승달 손톱은 또 어떻게 버려야 하나

우화를 끝낸 텅 빈 껍질들
부끄러울 것도 서러울 것도 없는 그림자
마음 한편에 무덤 같은, 허름한 창고 하나 지어야 할까

손이 허공을 망설이고 있다

줌(zoom)

횡단보도 저쪽에서 걸어오는 한 남자, 낯익다
나를 지나쳐 빠르게 카운트 다운하는 신호등을 바라본다
어디서 스친 적이 있나
끌어당긴 그의 잔상을 인파에 놓쳐 버렸다

다가온 것이 흔들리다 또렷해질 때
나비의 발자국이 머문 꽃술, 꽃받침의 솜털까지
소름 돋는 섬세한 표정
한 장의 세밀화에 음영(陰影)이 깊어지는, 숨 막히는 매혹이다

찰칵! 꽃 하나
사각의 프레임 속에 갇히고, 그예
끌려간 탄력만큼 천천히
원점으로 되돌아가는 눈동자
한 발짝 한 발짝 초점 흔들리며 꽃이 번진다

내게 왔던 것들이 그렇게 멀어져 갔다

내 안의 수많은 뷰파인더를 뒤적거리다
희미해지는 그림자를 오래 지켜보다
가깝지도 멀지도 않은 거리쯤
흐린 배경을 뒤로하고 홀연 도드라져 빛나는 피사체

진경은 그 적막한 심상에 맺히는지
나는 서둘러 그 순간을 박제하는 것이다

행성들이 운행을 계속하며 다가왔다 멀어져 가고
어느 것들은 천년을 돌다 부딪쳐 불꽃처럼 사라지기도 한다
나는 아득한 거리에서 오고 있는 풍경을 기다리며
가뭇하게 지평선 끝으로 사라지는 너를
막 배웅하는 중이다

대궁밥

밥그릇 귀퉁이에 밥 한 덩이 꼭 붙어 있다

입맛이 없으신가 덜고 드려도, 차마
더 덜어낼 수 없을 만큼 덜어 내 보아도
딱 그만큼, 밥을 남기신다
반찬도 다 드시는 법이 없어
좋아하시는 계란 프라이도 한 귀퉁이 꼭 남기신다

구순(九旬)의 석보할배는 몰락한 양반의 후손

혹독한 가난에도
눈 뜨고는 고향땅 못 버린다고
돌 많기로 이름난 석보 땅을 차지도록 주물러
제 손으로 거둔 것만 제 입에 넣는 법이라는 고집
석보할배의 할매는 제 몫의 끼니를 덜어내고
물린 상 남은 음식으로 허기를 달래
그 고갯길 넘었다는데

이제, 애물단지가 되었다
고추장 살짝 묻힌 저 흰 쌀밥 한 덩이

석보할배, 치매가 들어도 잊지 않으셨나 보다
오늘도
밥 두서너 술에 고등어자반 몇 젓가락
마당귀 지키는 복순이에게 저녁밥 내어 주신다

빈 방

진공포장이 열리자, 단숨에 부풀어 오르는 방
눈이 마주치자 막 바스라지기 직전의 허공에서
틸란드시아*가 후-훅 막힌 숨을 토해냈다

뚜껑이 열린 채 피아노 건반이 창백하게 누워 있다
말라 버린 물이 찻잔에 나이테를 그려 놓았다
그해 4월 어느 날을 기록하고 있는 달력
입을 꾹 다문 책들, 빛바랜 층을 쌓고 있다

딱딱하게 굳어 가는 것
멈춰 있는 것들도 生이 있어 숨을 쉬는 것이다
바람이 불기만 해도 햇살이 지나가기만 해도
흔들리며 한숨이 스쳐 가기만 해도
발가락 끝에 힘을 주며
가만가만 보일 듯 말듯 날숨을 내쉬는 것

눌러 봐도 꺼져 있는 신호음만 울리고
멈춘 시계가 경고처럼 제자리를 깜박거려도
습관처럼 들이켜는 숨
그 방의 체취는 점점 중독성이 강해지는 것이다

이름을 부르자
오래 묵은 시간으로부터 구절초(九節草) 향기가 날아온다

*틸란드시아 -뿌리 없는 기생식물, 공기 속의 습기로 살아감

불시착

파도치고 있다 한 사람
비행운이 거품 되어 잦아들고
빈 방에 오직 하나의 침대와 비어 있는 의자

살비듬 핀 절벽에 말라붙은 검버섯
발끝에서부터 서늘한 바람이 올라오고
혼미한 그래프를 그리며 말라가는 숨
검지를 물고 있는 감지기가 먼 우주로 심박을 타전하고
서둘러 온 창밖의 달빛만이
뭔가 말할 듯 벌어진 입가 언저리를 맴돌고 있다

호스피스 병동
차고 푸른 적막 속에서
차례를 기다리는 하얀 그림자들
흐릿한 맥박을 어딘가로 전송한다

다급하게 방문이 열리고

몇 억 광년 전에 출발한 어느 별빛이 막 당도했는지
파랑이 일직선을 끌고 지나가고
모든 신호가 영零, 빠르게 무한으로 되돌리고 있다

어머니! 어머니이……

마지막까지 떠나지 못한 귀가 알아듣고
감은 눈이 쥐고 있던
젖은 캡슐을 가만히 흘려보낸다

우옥자
2008년 《다시올文學》 신인상, 2017년 김포문학상 대상. 글샘 동인.
시집 『구겨진 것은 공간을 품는다』

귀환별 외 4편

유 형 근

살포시 나비 찾아와
꽃잎에 잠드는 곳
모시 적삼 같은 바람 지나는 곳
금빛 볕 좋은 순수의 마당 있는
너는 나의 그런 남향집이었다

백 가지 꽃을 심어
뜰 안 가득 꽃밭을 들여놓고
백 가지 낙엽을 주워
둘이서 가을 지붕을 엮다가
여든이 지나고
또 아흔이 지나면
별들의 음성에 귀 기울이다가

남향집 안방에 나란히 누운
두 육신 남겨두고 21g의 영혼에
아름다웠던 추억을 담아
하늘로 돌아가는 귀환 별에 오르자

나의 남향집 처마에도
붉은 노을 지거든

인연

봄이 오려나
꽃이 피려나

그리움 어귀
초롱한 달빛 우물가에서
꽃씨 같은
맑은 인연 하나 보았네

달빛을 긷다가
별빛을 긷다가
아름다운 날들에도 가을이 오면

하늘에서 온 별은 하늘로 돌아가고
잉여의 그리움 다 소각하고
우리도 흙에서 왔으니
흙으로 돌아가리

노을 고운 저녁에
꽃씨 한립 받아서

별 숲

참 궁금했어
노을 진 서쪽 하늘가
붉은 모래톱에서
저녁마다 사금을 캐어내
별을 빚는 이가

타보고 싶어
그리움 우거진 밤에
별을 싣으러
동녘 하늘에서 출발하는
초생 쪽배를

저 너머 어딘가
갓 빚은 별을 널어 말리는
시렁도 있겠지
땀에 흠씬 젖어버린
적삼도 걸렸겠지

이따금 떨어지는 별똥별은
꼬리가 길어 버리는 걸까
누군가에게 하나
던져주는 걸까

장대비

천둥번개 우렁차게
떠나간 발자국 지운다고
새겨진 마음의 흔적까지 지워질까
장대비가 하늘 뒤흔든다고
가슴 우는 통곡 소리 묻혀 질까

슬픔이 홍수 되어 흐르는 강물
흔적 하나 남기지 않고 휩쓸어간들
둘이서 한
가난한 약속마저 쓸리어갈까

여름에 겨운
통한의 이 비가 그치면
우리는 끊어진 다리를 놓아야 한다
깃발을 꽂고 흔적을 쌓아야 한다

마음 난간에 잇댄
그리움의 다리 끝에
우리들의 이야기를 걸어두어야 한다.
가슴 시린 가을이 오기 전
너와 나는
과거가 아닌 현재여야 한다

무채색 그리움

깃발처럼 나부끼는
가을 모서리
한숨짓듯 떨어지는 낙엽이
생의 여진 같다

둥근 목선과
시보리 끝단 보랏빛 재킷을 입고
저녁 창가에 앉아
그리움을 쓸고 태우며
낫지 않는 통증을 앓고 있는
목이 기인 계절

만추, 너는
시퍼렇게 덧나는 시린 사춘기다
시름시름 아픈
무채색 그리움이다

유 형 근
강원도 정선 출생 신구대학 조경과 졸업, 2014년 계간 《다시올 문학》 등단(현) 게임기, 자판기, 개발업체 운영, 시집 『사랑이 길을 묻거든』
okcnb@naver.com

종달리 외 4편

윤 준 경

종달리란 말 참 예쁘다
종달리교회 종달리초등학교
종달리해변 종달리 민박
마을에서 종달종달
작은 새소리가 난다
떠나갔어도 못 잊히는 사람처럼
떠나왔어도 종달종달 생각이 나는
제주 서귀포 종달리 마을

울 밖에 늘어진 여름귤이
하 탐스러워 만져보려니
한 가지 툭 꺾어주던 착한 나무
그 넉넉한 마을로 이사 가서
종달종달 살고 싶은데
나에게서는 왜 그 소리가 안 날까
종달종달종달

등, 돌리다

오래된 성벽을 걸어올라
숨찬 하루를 마감하려 할 때
멀리 바다는 붉어 오고
바람은 월요일의 깃발처럼 싱싱한데
풀밭 위에 몸을 앉힌 등은
앞과 달리
쓸, 쓸, 밋, 밋, 이다

김치와 치즈에
등 돌린 등은
반역인 듯,
성장을 멈춘 꿈들이 모여
다시 비상(飛翔)을 모의하는지
앞으로는 내보일 수 없는 것들을 쌓아둘
창고가
누구에게나 필요한 건지

치켜세운 눈썹도 벌름거리는 콧구멍도 없이
등은 알지 못할 무거운 짐을 끌어안고
굴피나무 껍질 같은 침묵으로
들어본 적 없는 그의 내력을 써 내려간다

미스터리다
엑스터시다

앞은 모두 컬러사진의 한 컷 같은
Show인가
등은, 더 많은 색을 가진
흑백 무채색이다

시가 잘 써지는 날은 행복하다

행복하다, 시가 써지는 날은
마른 꽃이나 창틀의 쌓인 먼지에서도 시가 떠오르는 날은
잡다한 일상 엉킨 실타래 속에서 시 한 올 뽑아내는 날은
행복하다
한 줄의 시를 쓰고 나면
한 줄의 행복
두 줄의 시를 쓰고 나면
두 줄의 행복
시 쓰는 일은 행복한 일인가
시의 정체는 행복인가

내가 시를 쓸 적마다 내 손에서 놓여난 일거리들은 행복하고
에미의 일탈을 지켜보는 이미 커버린 새끼들도 행복하고
시 한 줄 써놓고
나 혼자 한숨짓다가
갑자기 행복하다, 나는
속 있는 내가
정신 든 내가
모르면서 미치는 내가

행복해서
행복하다
더욱 행복하다?

*정성수님의 시 〈시가 잘 써지는 날은 우울하다〉를 패러디함

뼈에 대한 사과문

수시로 뼈가 저리다
저린 뼈를 고치려다 멈칫,
마음을 고치기로 한다

어제 먹은 오리고기 뼈는 찐빵보다도 부드러워서
입에 넣으면 흐물흐물 과자처럼 녹아들었는데
'뼈가 저리는 병은 없습니다'
비웃듯이 던지는 의사의 말은
뼈보다 단단했다

나를 너무 혹사시켰으니 이제 쉬게 하라는
뼈의 명령을 받고
함부로 다룬 뼈에 대해서
뼈저린 사과문을 바친다
미안하다, 이제 그만
황홀했던 것들에게 이별을 고하느니

사랑, 가까이 오지 말 것
사람, 들어오지 말 것

팔자

팔자 한번 고쳐보자고
밤마다 뜨겁게 문질러 댄다
한때 진달래꽃 피었던가
부풀어 터질 듯 붙잡아 맸던가
얕은 숨 깊은숨 흘러넘쳐
골 깊이 패인 나의 자화상

팔자를 지우다 문득 생각한다
팔자를 모르던 그때
심장에 한 알씩 약을 넣었지
베개 속 메밀은 굳은 물에 젖고
배는 늘 공허로 부풀었지
누워야 할 방에는 가시가 무성하고
사랑은 너무 독해
혼을 태웠어

그래, 그만하자
팔자가 훈장 아니냐

윤준경
한국시인협회 회원. 한국작사가협회 회원. 공간시낭독회 상임시인.
시집 『시와 연애의 무용론』 외 3권

요지부동(搖之不動) 외 4편

이사랑

집을 짓고
농사를 짓고
창고를 짓고
사람들은 밥을 짓고 있는데

나는 시를 짓고 있다

통장은 잔고가 바닥났고
쌀독에는 쌀이 떨어지고
명절이 낼 모래인데

난 여전히 시만 짓고 있다

석유교

함평터미널에서 100번 버스를 탔다
버스 안에는 나와 할매 두 분이다

물리치료 받니라 낮밥을 굶었드만
여간 배고프요 _ 워메 짠하요
해도 저불고 싸게싸게 가얀디
기사 양반 어디 가브렀소잉?

잠시 뒤,

은비녀 꽂은 할매가 올라오더니
다짜고짜 하는 말
이놈이 어디 가는 놈이오?
놈은 한 놈도 없고 년들만 있는디...
어디 가는디요?
거시기 썩은 다리요
아, 요놈이 고리고리로 가지라

진짜 썩은 다리가 있나요?
아, 그라제
아따 거시기다리도 모른당가요?

본향(本鄕)

나 본향으로 돌아가리라
샤론의 꽃향기 시들지 않는 곳
사모하는 내 임의 손을 잡고

나 본향으로 돌아가리라
별처럼 바람처럼 물처럼
살다가 하나님이 부르면

나 본향으로 돌아가리라
소명 받은 몸 숙제 끝나는 날
가서, 사랑했노라고 말하리라

*천상병 귀천(歸天)패러디 -

물끄러미

그대
절절한 기도 소리에
하늘 보는 날 많아졌다

그림자

그곳이
생지옥이라도

그대가 함께 가니
외롭지 않네

가다 힘들면
잠시 쉬었다 가세

이사랑
전주 출생, 2009년 계간 《다시올문학》 등단
시집 『적막한 채』 poem2112@naver.com

타이어 두 짝 외 4편

이순선

내 애마인 자동차 운전대에 앉으면 그 포근함이
엄마의 뱃속일까
남편의 가슴 속 체온일까
살아서 느껴보지 못한 관 속 여행일까

십여 년을 동행한 나의 애마
신발이 마모되어 타이어 뱅크에서
새것으로 갈아 신었는데
무사고로 내 발이 된 신발이었음을

흥국사 산방 댓돌에 나란히 벗어 놓은
큰스님의 검은 타이어 고무신
신발 밑바닥 양각이 마모되어
검소함이 빛나고 있다

북한산엔 안개비가 돌아 나가는데
독경 소리가 나지막이 고요를 깨우고
스님의 고무신 한 켤레 가슴속에
안고 산사를 내려왔습니다
새것과 헌것이 둘이 아닌 하나였음을

수미감자

사돈집에서 팔봉산 감자를 택배로 보내왔다
짙푸른 감자밭 이랑에 보랏빛 꽃이 출렁이더니
하지 때에 땡볕을 받으며 알토란같이 여물은
감자가 내 집까지 주소를 달고 찾아왔다
사돈어른 옷자락의 소금 꽃도 함께 온 것이다

베란다 청소하다 감자 박스를 열어 보니
땅이 그리운 감자가 다음 생을 생각하며
몸은 쪼그라들고 촉을 틔운 팔들이
어깨동무하며 소리 없는 합창 중이다

본디 사람은 고향을 그리워하며
감자는 밭이랑이 그립고

쪼그라든 씨감자나 가슴 쪼그라지는 어미나
대를 이어 가는 순리라 할까 오늘도
해는 저녁노을 우주쇼를 연출하는데
붉은 노을은 왜 이리 슬퍼지나 못다 먹은
감자, 버리기도 그렇고 먹자니 독이 있고
인연의 갈등도 이러함이요 한다

마주 보고 있으나

오고 가는 전철 반대편에 그 사람이 서 있다
잘 가라 흔든 손이 기차 후미처럼 여운에 흔들린다
젊음이 농익어서 사랑이란 표현도 서툰 지금 나이
애달프다 한들 무엇이 보일까
어느 날 잡은 손이 무엇을 말할 수 있나
당신이 그렇고 나도 그렇다 한들
홀로 된 아픈 마음 안고 사는 것임을
새장 속의 새만큼도 사랑에 용기없으매
허공에 손을 언제까지 흔들고 있을까 하고
전철 이음새 덜컹거리는 소리가
서로 반대편으로 멀어져가고 있음인데
마음을 싣고서 달리는 이 기차 안에서
나는 어쩌자고 그 자리에 머무르고 있는 것인지
허공에 떠도는 마음 하나 어쩌지 못하고
입안에 감정을 되새김질하는 나인걸

내 등의 또 하나의 심장

다섯 살부터 유치원에 간다기에 어린 손자
세 돌 지나 들어가니 또래들보다 작고 여리다
업어 달라 보채기에 등짝을 내주니
어느새 커서 내 손깍지가 마주 닿지 않고
깍지 낀 손가락이 자꾸 벌어지고 미끄러진다

업힌 손자가 할머니 사랑해 하며 바짝 매달린다
아가의 심장 울림이 내 등에 마중하며 같이 뛴다
무슨 인연이 이렇게 행복할까
그래 내 등이 내 등뼈 마디가 너의 언덕이 되고
내가 퇴비 같은 양분을 너에게 주려 한다
아가만 보면 내 노쇠한 혈류와
말초신경과 늘어진 살갗이 촉을 깨운다

아가야 세상엔 배울 것이 너무 많고 널 예뻐하는 사람도 많아
유치원 가는 길 내 다리가 후들후들거려도
아가가 사랑한단 명약을 써 주어 유치원에 도착한다
눈물을 떨구며 헤어지기 싫다고
천둥소리보다 아픈 울음소리가 가슴을 찌른다
아 이 상황을 어쩌자구
그래도 오후에 아가를 찾으러 가면 그 눈물 가시고
넘어지며 할머니 치마폭으로 달려든다

무거운 동행

집 밖에만 나가려 하면 그저 손이 허전해 가방을 찾는다
여성의 가방 속을 뒤집어보면 성격도 넣고 산다

어느 날 가방을 거꾸로 털었다
동전 바코드영수증 화장품 온갖 부스러기 담고 다녔는데
카드회사 결제 날의 다짐은 쓰레기에 묻히고
동전만 무게를 더하고 있는 것임을
달마다 되풀이되는 이 습성은

어머니가 밥 지을 때 쌀 한 줌 집어서 항아리에 절미하던 모습
보고 살았는데 사인에 길들여진 나
가방에 지퍼 마음에 지퍼 손과 마음이 같이 가네

입출고가 하나인 채워지는 돈도 바닥을 긁는데
가방을 탓하랴 가방 속은 나의 무덤 속 같다
지폐 몇 장 간추려 넣고 지퍼를 잠근다
그런데 마트에 지남철이 작용하나
나의 절제가 마트 좌판에서 서성이고 있기에...

이순선
2015 《다시올문학》 신인상.
대구매일신문 시니어문학상(시-특선, 수필-우수상).

길고 뜨거운 외 4편

이 영 균

1970년을 즐기는 그녀가
을씨년스러운 남대문시장 그 골목에서 만나잖다
2017년 빤빤한 구두코가 가면
얼룩으로 무참해질 누추한 곳이다

길고 빳빳한 뼈를 추려 죽이며 그녀의 입속
혀끝의 밀회(密會)로 부드럽게 흐늘거릴 살맛
얼굴이 화끈거려 빨갛게 장미가 되어
그 맛에 푹 빠질 그녀가 떠올라
달려가는 전철에서도
급한 마음은 몸이 달아
레일이 벌겋게 뚝뚝 녹아내린다

그러고 보면 그녀는 길고 매운 것을 즐긴다
갈래 떡으로 만든 매운 떡볶이에
붉게 녹아내리는 레일 끝에서 만나는
눅눅한 중에 열이 확확 나는 1970년 고전 골목
또 긴 등뼈를 숨기고 있는 얼큰 갈치조림까지
그 와중에 짧아도 좋아하는 하나
정 깊어 긴 나

까치발로

한해의 끝에 서면 좋은 일도 여럿이었듯
궂은일도 몹쓸 일도 숱했다
회사로 주점으로 휴일, 들로 산으로
달도 되고 별도 되고
구름 되어 골방에 잠든 날도 더러 있었다

쓰러지고 자빠지고 잔설에 청보리로
댓바람 발부리에 짓밟히고 꺾이고 부러져
달 바람 불면 몸 일으켜 이슬에 젖기도

곤하도록 바람에 씻겨야
한마디 대통이 여문다 했던가?

비바람 닥치기도 여러 차례
곗돈 타 목돈 쥐면 돈 나갈 구멍이 더 많았던
다 청산해야 홀가분해지는 건데
다사다난의 나날들 빈 수레로 돌아보니
오늘이 또 찬연한 새해 첫날

수선화

- 천생 여자

어머니와 나이가 어슷하던 사촌 누나
이제 막 팔순에 임박했지만
아직도 내 앞에선 여자이고 싶어
갓 서른처럼 분내를 풍긴다

용돈 떨어지면 몰래 챙겨주던
든든한 응원군 찬 바닥에 앉을라치면
겉옷 벗어서 깔아주던
사내들만 득시글거리는 오부자 집 막내에겐
언제나 봄날만 같아 이모 같은 누나

누나라 불러주면 언제나
꽃띠처럼 환하게 피어
사촌 형들보다 날 먼저 챙겨주던
장가가서 또 아이가 결혼을 앞둔 지천명에사
새삼 그 고마움 아네

시장 가방엔 언제나 먹거리며
철 따라 챙겨주던 옷가지들
나는 언제 한번 변변한 옷 한 벌 사드려 봤나
평생 누나이길 늙어서도 젊어 보이려
애쓰는 그 마음 어찌 누나 곱다. 않겠나

누나라고 부르면 지금도

오랜 연못가 썩은 나무다리 옆에 피는 꽃인 양
세상이 온통 푸른 꽃밭인 청년처럼
붉어지는 누님

피노키오

하루 중 반은 어둠에 잠기는 세상
밤이면 커졌다가 아침이면 작아지는 어둠
거짓으로 길어진 코를 검은 베일에 숨기자며
검은 게 다 참인 것처럼 유혹하는 밤
세상이 온통 어둠으로 만연하여도
아침이 오면 어둠은 빛 앞에 힘을 잃지

아침엔 모두가 거짓을 벗고
봄볕처럼 따뜻해져
아직 남아있을 그늘 밀어내는 가을빛이 되지

가을날처럼 어둠 숱하게 겪고 나면
저물녘엔 그 빛, 노루 꼬리만큼만 남아 있어도
거짓을 지울 수 있어 참 따뜻하지
권력이 커질수록 어둠의 키 점점 커지듯
우린 욕망으로 피노키오 코가 되지만
빛을 알면 작은 촛불에도 따뜻해져
참을 더 사랑하게 되지

아무리 어두워도 거짓이 없어 환한 세상
거짓도 거짓처럼 참이 되는 지금이
거짓 벗을 때

하강 연습

까르르 아이들이 자지러진다
한 발 한 발 오르는 것과
쏜살같이 내리쏟는 미끄러짐
그 놀이에 빠져든 아이들
유쾌한 웃음소리

그 놀이 참으로 슬기롭다

오를 때 단계를 밟으며 오르면
정상에서 성취감이 크다는 것과
내려올 때도
쾌감이 있어 즐겁다는

내려옴의 쾌감을 느껴본 아이는
어른이 되어서도 마음 비움
천 길 추락 없이
즐겁다 할 것이니

이영균
청산(淸山), 춘천 출생, 2004년 《좋은 문학》 시 부문 등단, 월간 《한울문학》 등단, 《한울문학》 작가상과 한국시인상을 수상, 시집 『하얀 아침』『금빛하늘』『네가 그리워질 거야』 외
yklee0721@hanmail.net

상흔 외 2편

이 운 상

6.25 때, 용천사 대웅전
벽과 기둥 벌집이 되었다
폐허에 주춧돌만 남아 있고
용샘에선 붉은 피가 솟았다
부모는 자식을 지키지 못했고
자식은 부모를 지키지 못했고
우리는 나라를 지키지 못했다
정월 보름밤이면 문 열어놓고
마을 집집마다
제사상에 촛불을 밝혔다
임이여!
경계 없는 하늘길 걸어오소서
그림자 그림자라도 찾아오소서
상처도 꽃이 되는지
해마다 가을 제를 올리는지
용천사에 핏빛으로 피어나는
꽃무릇

그들의 영혼일까?

사랑의 매

화장실 뒤쪽에서
연기가 모락모락 피어올랐다
우리는 쑥을 말아 뽀금뽀금 피웠다

착실한 재호가 선생님께 고자질 한
그날, 우리는 종아리에 피멍이 들었고
주동자 춘식이 자리는 오래 비어 있었다

그 뒤, 오십 년만의 봄날
백수 해안도로 민박집에서 우리는
선생님과 같이 늙어가고 있었다

선생님 사랑합니다!
춘식아 나도 너를 사랑한다
아니 너희 모두를 사랑한다

해안으로 밀려드는 파도가
찰싹찰싹 바위를 때릴 때
하얀 물꽃이 피어났다

아내의 잔소리

아내의 긴말에
내 대답은 늘 깡똥하다

– 또 나강가요?
오늘은 일찍 좀 들어오시오
– 응 알았네

어떤 모임에 이사
어떤 모임에 총무
어떤 모임에 감사
어떤 모임에 부회장

감투를 치렁치렁 걸친 나는
농번기 트랙터보다 바쁘다

– 몸 생각해서 술 좀 적게 마시쇼
– 응 알았네

– 고추는 탄저병에 걸리고
벼 잎 사구 꼬실라 죽는 줄도 모르고

두레배미 만한 군에서
제발 들러리 좀 그만하시오
봉사가 밥을 준대요. 떡을 준대요?
– 어허 이 사람이…

이운상
함평 출생, 전남대 행정대학원 2014년 계간《다시올문학》신인문학상,
함평문화원 이사 동인시집『한쪽으로 보는 세상』
spring8706@naver.com

사별 그 후 · 1 외 4편

-곡(哭)

이 진 환

임 앞에 앉아서,
하지 못한 말들이 가슴 언저리를 넘쳐서
바가지로 퍼붓는다
그저께 밤엔
멍든 내 가슴을 두들기며 퍼부었고
어젯밤엔
임의 가슴에 박힌 가시를 뽑으며 퍼부었다

부스러기도 수월찮은데
젖는 것들이 자꾸 나와서
몸이 앞으로만 기운다
오늘은
활활, 임이 타고 갈 꽃불에다
너덜해진 가슴을 개켜 가만히
올려둔다

사별 그 후 · 2
-눈물

생솔가지에다 불을 지피는
아궁이에

불씨를 살리려 내뿜는 입바람

큰 숨 들이킨 가슴에
생 연기 맵다

사별 그 후 · 3
-情

들에,
산에, 치대는 빗줄기에
실색(失色)하는 물너울

나대던 바람이 쉬엄하는 사이
흥건히 젖은 풀잎에서 물소리 난다

펄럭, 옷자락 젖히며
힘껏 달라붙는 바람의 눈언저리

쓸어도 남는 흔적처럼
쓸쓸한 가벼움에
저 강물 흘러간다

사별 그 후 · 4

-시간

흔들어도 씻기지 않고 이끼가 끼는 시간이 있다
두레박으로 퍼 올린 얼굴과
종일 수화를 하던 침묵이 통증을 느낄 쯤
어둠을 더듬어
한 점 한 점 발라먹은 시간을
껌뻑이는 눈꺼풀로 쓸어 보지만
눈물의 온기를 느낄 수 없어, 꽉 다문
통증 속으로
이끼 낀 시간을 등짐지고 걸어가는 사람이 있다

환승

30리길 내달리고서야 새끼들 울음을 떠먹으며
발품 팔아 살던 시절
밤마다 터 갈라진 발바닥 농사였다
구멍 난 신발짝이야 평생 못가 본 세상 구경이다 하고
등짐으로 달린 막내야 둘러매고 내달리던 책보자기다 하고
가끔 두들기는 서방님 주먹이야 머리에 덧나던 종기다 하고
새끼들 떠난 빈집이야 쏴붙인 오줌발에 눈 녹은 자리다하고
영감 먼저 묻고 오는 길이야 등창을 긁지 못하는 내 짧은
팔이다 하고
서둘러 가는
저 할마시 곱게도 차려입었다고,
차례상 받으러 가는 길이냐고,

환승입니다

이진환
경북 포항 출생 2014년 《국민일보》신춘문예 신앙시 대상
2016년 다시올문학 신인상 jjjinlee@naver.com

순백애상(純白哀想) 외 2편

이 태 운

白雪이 내려앉은 한적한 시골 마을
淨潔한 雪景은 차라리 애처롭고
한아름 은행나무만 고즈넉이 버텨 서다

나뭇가지 소복소복 올라앉은 눈송이엔
애틋이 묻어나는 純白의 그리움
아득히 머언 곳에서 아리도록 살아 오다

에는듯 찬바람에 追憶은 시려오고
하늘 가득 내리는 눈, 山河를 뒤덮으니
휘감는 풍설잔해(風雪殘骸)에 그리움만 무겁구나

동화사 단상(桐華寺 斷想)

푸른빛 독경(讀經)소리 어우러진 절터에
산 고아 물이 고아 북소리 절로 고아
홀로이 무소의 뿔처럼 때 낀 마음 씻는다

연좌(蓮座)에 앉으신 임 저리도 느긋한데
산사(山寺)의 선객(善客)들은 좌불안 야단법석
불보살 앉으신 자리 천 오백 년 면벽 중

세상사 바쁜 것은 안(內)이 비어 분주할 뿐
먼발치 수타니파타의 경구 한 줌 더하면
고운 임 촉수 틔우는 천수천안(千手千眼) 관세음

팔공산에서 · 7

인적 없는 산길 따라
호젓이 걷노라니

話頭 하나
올려놓고
一念으로
沒入하나

어느새 미욱한 心思
虛空으로
흩
날
리
고

이태운
대구 출생 경북대학교 법과대학 졸업
2010년 계간 《다시올문학》 시조등단
(현) 동부생명 대표, 동인시집 『느슨한 저녁』 외

주먹장 외 4편

정 미 경

한 몸으로
물 흐르던 참죽
여기서
깍지 끼고 산다

쇠붙이 하나 없이
마주 잡은 맨주먹

가부좌로 앉거나
등 대고 눕거나
흔들림 없는 수평이다

이 세상 가장 편안한 선
수평선의 비밀을 알겠다

하늘과 바다
그 둘이
가슴 맞대고 양팔 벌려
저 끝에서
깍지 끼고 있음을.

몽골 허르헉을 찬미함

양 몇 마리를 키운다

이름까지 있는 양 중에 "순이야" 이름 부르며 순이를 내 두 다리 사이에 끼우고 노을이 제일 곱게 보이는 곳으로 데리고 가 은밀하게 둘만의 작별 인사를 하고 그녀의 살과 뼈 사이에 빨갛게 달군 초토를 차곡차곡 어여쁘게 담아 이 세상 최고의 정성으로 그녀를 위해 기도하고 그리고 그녀가 좋아하는 초원의 노래를 끝 절 후렴까지 나직하게 부르며 뜸을 들인 후, 순이 만큼 귀한 내 손님과 순이를 나누고 싶다

어느 몽골 사람처럼.

까꿍 놀이

활짝 웃는
영정 사진을 본다

여든아홉,
아홉 수
그러나 편히 가신 호상이다

그 호호 웃음이
이제 없다

문득
그 없음이 토닥토닥
남은 있음을
다독이고 있다

까꿍 놀이 알지야
인자는 거꾸로
눈 가리믄
내가 있어야

어머니가 세상 처음 가르쳐 준 놀이
눈 침침한 아들더러
하자 하신다

알레프 아류 · 1

외출에서 돌아와
화장을 지우고
샤워를 한다
따뜻한 물줄기 속에서
물소리를 따라
나에게 간다
물소리 속에서 전화기의 벨 소리가
가끔 들리기도 한다
낙하하는 물은 하수 구멍으로 스며든다
뒷걸음질로 인사하며 사라지는 듯하다
거부함 없이 순하게 아랫자리를 찾아서

문득 오늘 섬긴 사람이 떠오른다
더없이 고요해지는 마음
무엇엔가 가까이 간 듯하다
아직은
낯설다

몸국

삼사십 호는 족히 되는 마을 혼사
사나흘 전날에
코흘리개 똥까지 받아먹은 실한 돼지가 낙점된다
말젯 삼촌이 챙겨준 오줌보로
신나게 노느라 올레가 시끌시끌하다

마을에서 제일 큰 솥을 걸고
그놈이 내어준 넉넉한 속내를 담아
장작불을 지피면
여인들은 안개인 듯 연기 속에서 깊은 바다를 건진다
물질할 적마다 거념하고 조냥해 둔 바다
성냥 머리만 한 풍선 열매를
파도 거품처럼 주렁주렁 매달았다
깊은 바닷속에서
제 몸속에 저런 가스 알갱이를 키우는 건지 몰라
해녀는.

지집아이들은
신 김치를 썰어대는 어머니의 치마꼬리에서 부지런을 배운다
뛰놀던 올레 축구가 시들해가고
해가 넘어가고 어둠이 와도
가마솥 안은 아직도 거친 파도가 인다

불 순번을 정하며 밤을 새우고서야
해녀의 긴 숨비소리가 잔잔한 바다에 풀어지듯이
가마솥에서 잘 풀어진 몸국 한 사발이
뜨겁게 떠오른다

노인부터 어린 것까지 그 몸국 한 사발을 먹어야
혼사가 치러지던 일이 천만년은 되었는가
싶은데.

정미경
제주 출생. 2011년 《다시올문학》 신인상.
동인시집 『사과의 변증법』 외. yjmky@naver.com

봄날의 꿈 외 4편

정 지 용

봄날의 꿈을 꿉니다.
반백의 머리에 흩날리는 꽃잎을 얹고
약간의 우수도 한 움큼, 못다한 소망도 한 움큼
숨결인 듯 진정 꿈결인 듯
아직도 봄을 꿈꿉니다.

살아갈 날들보다 지난 세월이 훨씬 더 남아돌아
이제는 뒤돌아 추스를 것이 산처럼 쌓이는데
어김없는 생명의 봄날
나는 또 봄날의 꿈을 펼쳐 맴을 돕니다.

이 산하, 이 땅에 내리는 섭리에 온몸을 맡겨보고
안타까운 세상사는 잠시 저만큼.
비우고 또 비우는 꿈을 꿉니다.
욕심은 뭉텅뭉텅, 연민도 뭉텅뭉텅

빈 공간을 울리는 봄날의 꿈을 꿉니다.
들꽃 몇 송이, 산들산들 바람 몇 자락,
이 봄날 새 생명의 이름을 불러 봅니다.

어우러지는 노래라면 어깨 춤을 추겠지요.
어지러우면 더욱 좋겠지요
세상도 따라 돌겠지요

아직도 봄날의 꿈을 꿉니다.
반백의 머리에 간질이는 바람을 얹고
숨결인 듯 진정 꿈결인 듯
맴을 돕니다.
봄날의 꿈을 꿉니다.

사랑이야기

가슴에 흐르는 잔잔한 물살 같은 것
바다를 가르는 이랑, 격한 파도가 아니라도
속삭이는 이야기 같은 것

이마를 간질이는 미풍의 머릿결
온몸을 사르는 바람이 아니라도
주름살처럼 새겨지는 어쩔 수 없는
세월 같은 것

마음으로 빚어내는 조촐한 밥상 같은 것
부러울 것 없이 풍성한 잔치가 아니라도
혀끝에 감도는 엄마 손 같은 그것

큰 울림이 없어도
꿈결같이 포근히 가는 것

있어도 없는 듯 없어도 있는 듯
그저 자리하는 순수의 그것

부르지 않아도 화답하고
대답이 없어도 소리하는

내가 아니어도 되는 것.

그저 내가 너일 수 있는 것.

요지경

올여름 땡볕 아래 전신을 던져두고
온몸이 데쳐지는 대로
서서히 배어나는 육즙으로 살자.

백 몇십 년 만에 찾아 주는 더위라는데
백 년도 못 가는 인생이 그 얼마나 행운이냐
부채 하나로 이 계절을 견뎌냈을 옛 분들을 떠올리며
그래도 삶은 축복이라고 되뇌이며, 되뇌며 가자.

이 땅덩이 반대편 축제의 나라에선 올림픽도 한창이고
온 세상 볼거리, 읽을거리 기함할 일이 가득인데

아픔과 슬픔 몇 조각, 참아내는 인내도 몇 조각,
분노의 열정 몇 조각, 연민의 눈물도 몇 방울,
그래도 찾아주는 일상의 잔잔한 웃음과 희망의 빛깔,
소망도 함께 버무려

요지경 같은 무늬를 보자.
아름다운 무늬로 보자.

때가 되면 계절은 바뀌겠고
요지경 속 세상도 바뀌는데

이 악물고 버텨보자
그려려니 살아보자.

(2016. 여름)

입춘 즈음

아무것도 담을 수 없는 날들에
나는 차디찬 바람을 베고 누었으나
가슴 한 가닥 여울지는 풍경이 있어
신 새벽을 보고, 또 봅니다.

기막히게 기막힌 날들이 가는데 어김없이 아침은 오는 걸
가슴 깊은 곳 아프게 울어대는 풍경이 있어
이 매운 새벽을
느닷없이 즐기고, 또 즐깁니다.

얼어붙은 그 바다, 그 어디에 무엇을 기다리는지
어김없이 신 새벽은 오고, 날은 밝아 오고
용트림하다 멍해 버린 안타까움은
부서지는 햇살 아래 응어리째 동토를 구릅니다.

이리저리 발길에 채이고
묻혀져 가는 사연들로 하여
봄은 온다는데 여기저기 상처 난 흔적들이
입춘서를 메웁니다.

봄이 올 것 같지 않아도
또 다시 흐드러질 개나리, 진달래,
이름 없는 수많은 봄꽃들이
가슴 아리게 되살아나는

서럽게 아름다운 날들을
그립니다.

(2015년 세월호 1주기를 앞두고,...)

해달밥술

산자락 한 모퉁이 작은 소망을 두고
꽁꽁 쟁여둔 마음이 어느 날
뻐꾸기 울음처럼
열 렸 다.

허공에 날 띄운 애비와 에미가 서러워
마음 빗장을 걸고
그래도 가슴 한 모퉁이 정한수 한 그릇
그래야 사는 섭리거니

누이의 밥상엔 오늘도 해와 달이
하나 가득 떠오른다.

아린 세월은 바람결에 두고
뒷골목 한 모퉁이 뜨락을 열고
아우를 위한 한나절 품앗이
가래떡 세 줄기의 가난에 눈물 몇 방울
그리도 간절히 빚어내는
밥상 한상, 술상 한판

사랑하는 이여,
사랑하는 사람아
눈물로 엮고 펼치는 여린 가슴
하여 고집스럽고 양보할 수 없는 한판

누이의 뜨락엔
오늘도
해와 달이 하나 가득 떠오른다.

*해달밥술: 동교동 경의선 숲길 골목 안에 자리한 메뉴판 없는 아담한 제철 한정식 집.

정지용
서울 남산 기슭에서 성장, 경기중고등학교, 성균관대학교 국어국문학과 졸업, 계간 《다시올 문학》신인상수상, 시집 『계절의 초상』이 있다
e-mail : susanin@nate.com

동백꽃 · 2 외 4편

조 영 환

입춘에 마량포 동백정에서
오백 살 먹은 노파들을 보았다
온 몸에 새파란 소름을 매달고 있었다
눈에서 화톳불 같은 동백꽃
한두 송이 피다가 지고 있었다
화사(花蛇)처럼 얼룩덜룩
마스카라 번들거리는 얼굴들
땅에 져서도 웃고 있었다
미당(未堂)*이 보고 싶었다
동백처럼 바다를 보고 쭈그려 앉아
담배를 뻐끔거리는
미당이 보고 싶었다
목 쉰 작부** 같은 미당이 보고 싶었다

*미당(未堂) : 서정주 시인
**목 쉰 작부 : 서정주의 시 '선운사 동구' 에서 차용함

말 · 2

세상에서 가장 순한 말은
그대의 똥 나오시는 소리
유 · 무성음 모두 담백하구나

화장실은 순하디순한 말의 자궁

어지럽구나, 그대 입술에서
새붉게 동백꽃 피는 소리
사랑의 말들, 마약처럼
내일을 갚을 수 없네

그대가 엉덩이를 내리고
변기에 앉아 똥 누는 소리
이윽고 똥 나오시는 소리

아, 성자의 눈망울 같은

해피

치매 걸린 할아버지가
당신 방에서
혼자 울고 있더라 했다
며느리가 왜 우시느냐고 하니
이제 의정부 딸네 집으로 가면
우리 '해피' 하고는
영영 헤어져야 하는 것 아니냐고

화개산(華蓋山)에서

이상하지, 꿈속에서 햇빛은
홑옷마저 벗은 듯 빛나고

몸을 벗은 복숭아 꽃잎은
바람도 없이 하늘을 나네

눈물에 얼비치는 꿈속의 풍경

이승도 한 겹 옷처럼 벗으면
저리도 아슴하게 빛나는 걸까

한숨도 눈물도 가슴 아픔도
홑옷처럼 벗을 수 없어
숨 붙은 이들은 사랑을 하는가

캄캄하게 사랑에 홀려
한 겹 목숨을 벗지 못하는가

교동도 화개산 등성이
가없이 바다로 목 늘인
여인네 아픈 속살빛 산복숭아 꽃잎

봄밤

탄현(炭峴)은 옛적 숯고개
산중턱 어디였을까, 연기 가득한 숯가마
아내는 아궁이 앞에서 그을음처럼 갈앉고
사내는 노새처럼 선 채로 저물었을까.
어찌어찌 참 멀리도 흘러왔구나.
어찌어찌 숯고개에 봄이 오고
봄밤이 오고, 오늘도 내일도 봄밤일 것처럼
막걸리를 사들고 아내와 어슴푸레
봄밤을 걸어 산발치 공원에 간다.
밤하늘에는 별이 없고
별목련 가지에는 온통 꽃송이 가득한데
아내는 한참 철 지난 유행가를 부르다가
밑도 끝도 없는 지난날을 이야기하고,
막걸리 두어 잔에 열린 내 귓바퀴에는
홀연히 먼 소쩍새 울음소리가 흘러든다.
목 쉰 듯 검고, 눌린 듯 희미한
목탄 토막 같은 소쩍새 울음소리는
끝없이 귓속으로 흘러들고,
짧은 봄밤을 그림자 설핏 다녀가듯
별목련 꽃잎이 지고 있다.
꽃은 나무가 공중으로 낸 길
별목련 꽃잎은 유성처럼 허공에서 피어

허공으로 지고, 눈앞의 어둠이 물샐 틈 없어
나는 눈을 감고 찬찬히
희미해진 아내의 처녀 적 입술과
귓바퀴를 매만진다.
숯 굽는 고갯마루 가위눌림 같은
소쩍새 캄캄한 울음을 들여다본다.

조영환
충북 괴산 출생. 2009년 《다시올문학》 신인상.
동인시집 『느슨한 저녁』 외. jyh724@hanmail.net

2차선 밖 남자 외 4편

최 명 심

국화 꽃대도 꺾여 쓰러진 늦가을 새벽 출근길
형광색 안전 조끼를 입고 옆구리에 빗자루를 낀 남자
굴포천 다리 난간에 기대어 길게 담배연기를 내뱉고 있다

훅 뱉은 연기가 매캐하게 내 얼굴에 닿으며
마주친 얼굴,
당황한 듯 큰 눈을 끔벅 거리며
눈썹까지 내려 쓴 털모자를 벗었다 다시 쓴다

서둘러 플라스틱 대빗자루를 자전거에 꽂고
굽은 허리를 더욱 말아서
2차선 밖으로 사라지는 남자

밤새 웅크리고 떨던 노숙의 흔적까지 쓸어 담았을까
터질 듯 꽉 눌러 담은 폐지 자루
자전거 뒤에서 아슬아슬 매달려 간다

그가 젓는 페달의 속도만큼
신새벽 허공에 퍼지는 하얀 입김,
마른 등과 거친 숨소리 뒤로
지켜야 할 가족들 뒤따라간다

습격

본능이었다

길들여진 기억들을 뽑아내고 어두운 동굴에서 나왔다
이제 누구에게도 꼬리를 치거나 꼬리를 내리지 않겠다

인간이 붙여준 이름 반려견 Familiaris
가족이라는 이름으로 살았던 날들을 붙잡고
거리를 헤매던 절망의 시간
세포에 기생한 상처들이 낱낱이 일어섰다

당신이 날마다 준 먹이와 몸을 눕혔던 작은 집
내 머리를 쓰다듬던 손길 아득하다
핏속에 살아있는 야생이 꿈틀거린다
이제 더 이상 굶주릴 수 없다
산 아래 닭장으로 돌진했다

내 본능은 사냥꾼이었다

옷봉에 매달리다

이곳에도 서열이 있다
몸에서 빠져 나온 지 3개월,
숫자를 달고 출입문 가까이 위치한 옷봉에는
서열 1위들이 벗어난 몸들이 찾아오길 기다린다
자리싸움이 치열한 이곳,
사나흘 지나면 위치가 바뀐다
시간이 지난 것들은 늘 구석으로 밀리기 마련
새로 들어온 신품들은 통풍이 잘되는 입구를 차지한다
스팀다리미가 내뿜는 뜨거운 증기,
습한 공기는 비닐사이로 스며들어 숨이 막힌다
매달린 몸들이 서로를 밀쳐내도 끈끈한 밀착을 벗어날 수 없다
천장 구석,
빽빽하게 들어찬 먼지 묻은 기다림
고리 달린 장대가 몸을 스칠 때마다 바짝 긴장한다
오늘도 벗어나지 못한 이곳,
여전히 서열 1위들이 쏟아져 들어온다

누군가 종소리를 밀고 들어선다
일제히 문 쪽으로 쏠린 시선들
세탁물을 맡기고 돌아서는 걸음에
천장에 매달린 어깨들이 축 늘어진다

민간자율구조대

노을이 지는 대부도 선착장
더 이상 바다로 나갈 수 없는 폐선 한 척,
바람에 나부끼는 민간자율구조대 깃발이
소금기에 서걱거린다

한때는 태풍에 고립된 어선들의 다급한
구조신호에 폭풍 속으로 달려갔을 저 구조선
구멍 난 배 밑창 붉게 녹슬어 어둠이 깊은데
다닥다닥 통증처럼 말라버린 저 따개비들은
지금 무엇을 품고 있을까

지난여름 참치잡이 어선을 타고 나간 지 20일 만에
거센 풍랑에 겨우 살아 돌아온 사내,
돌아오지 못한 선원들이
난파된 배안에서 사내를 부른다고 했다
술에 취한 채 선착장 뱃머리에 주저앉아
돌아오지 못한 이름을 목 놓아 부르는
사내의 통곡이 어둠 이슥토록 이어지고

선착장 빈 갯벌에 묶여
다시 바다로 나가지 못하는 폐선은
지나간 시간을 붙들고
배 구석구석 사내의 통곡을 채우고 있다

빈자리

첫차가 헐렁하다
매일 반복되는 두통과 구토를 견디지 못하고
친한 동료가 퇴직한 설 연휴 첫날,
나는 공휴일임에도 당직으로 출근한다

젖은 손과 언 손으로
타이핑을 치고 주판알을 튕기며
가감승제와 싸우던 시절
그와 나는 천천히 세상을 배우기 시작했다

단 한 번의 실수도 허용되지 않는 직장
숫자 하나 콤마 하나에 집중하며
자정 넘어 퇴근해도 희망을 놓지 않던 우리
주판알을 튕기며 더욱 단단해졌다

우리가 숫자에 갇혀 있는 동안
세상에는 벚꽃이 피고 단풍이 지고
계절이 수없이 지나갔다
하루 종일 계산을 맞추느라 머리를 맞대다
부기장을 접고 일어서는 시간,

통장에서 빼간 수수료 내 놔라
대출이자는 왜 이렇게 비싸냐
생떼 쓰며 삿대질하던 고객에게 받은 상처
서로의 등을 다독이며 풀었었다

더딘 일처리와 내 굼뜸까지도 묵묵히 감싸주던
그가 앉았던 의자에
내 손에 쥐어 주었던 그의 핫팩을 놓고 돌아선다

최 명 심
부천여성문학회 회장역임, 2007년《다시올문학》으로 작품활동 시작
다시올문학 사무국장, 동인시집 「고양이 골목」 proseis@naver.com

사막 체험 외 2편

최 병 화

검게 탄 얼굴의 현지인과
일본 지프를 타고 사막 체험을 갔는데
둥근달이 사막 한가운데 버티고 있어
처음에는 신이 나고 기분이 좋았는데
이 녀석 20km 이상 멀리 모래사막을
끝도 없이 달려가고 있는 게 아닌가
무서움에 그만 돌아가자고
불호령을 내리쳤다
이 녀석 눈에는
사막의 황량함을 다 안고 있었다
그 녀석 눈 속에 사막이 있고 바위가 있고
사막의 하늘과 육중한 돌상까지
사막 위 모래바람까지
다 담고 있는 눈이었다

산토리니

항구에서 나귀 등에 업혀
깎아지른 계단을 오른다
휘청거리는 나귀
나의 땀방울 더욱 굵어진다
희로애락을 은닉한 검푸른 바다
간간이 파도로 흰 거품으로
용트림을 한다
자연을 배반하지 않은 햇덩이
흰색의 지붕에
은빛 금광을 마구 쏟아내자
에게해 최남단 노을
처절한 침묵으로 낙하하며
초연함을 과시한다

하와이

서쪽으로 달리다
차를 세운다 들쑥날쑥
폼을 재고 있는 하와이 바위
갈 길이 바빠 바삐 가던
초저녁 해님
너울너울 그림자를
바위에 걸쳐놓는다
아 모자이크
이건 예술이다
와이 미아 해변에서
조개 산호 주워 목에 걸고
소라껍데기 귀에 대고
바닷소리 들으며
비니 콜라다 한잔으로
목을 축인다

최병화
여행작가. 이화여대 사범대 졸업. 공간시낭독회 회원
《다시올문학》 신인상 저서 『고향을 만드는 여자』
kwj1120@hanmail.net

눈 내리는 밤 외 3편

최 창 순

한밤중
뜰 앞 소나무 단풍나무
칼바람 싸락눈에 몸을 움츠린다

다대리 깊은 계곡도 눈에 묻힌 지 오래
산새 소리마저 얼어붙었다

바람이 들쭉날쭉할 때마다
작은집 창문은 울음을 터트린다

웃풍이 가득 찬 방안을 둘러보니
옛 화로가 생각나는 밤

할아버지가 구워주던 군밤 속에
할머니가 웃고 있다

하얀 피

좌청룡 우백호가 병풍이 되어
마을을 보호하는 오목골*

봄여름 가으내
밥상에 오르는 상추가 상큼하다

민들레 고들빼기 씀바귀
하얀 피가 모두 쓰다고
쓴 것이 몸에 좋다고 봄이면
들과 밭으로 사람이 몰려온다

인간 때문에 몸살을 앓는 것이
이것뿐이랴

산속의 엄나무 가시오가피나무
산도라지 다람쥐 밥까지
씨를 말린다

가을의 뜰에 주저앉아
겨울에 먹으면 좋다는 무청을 엮는다

*청운면 다대리에 있는 고을

당신과 나

산 아래 작은 집 마루에서
마주 앉은 앞산을 바라보네

엊그제 눈뜨려고 꽃망울 부풀더니
어느새 진달래 붉게 물들어
산등성이를 타고 오르네

그대 만나 가슴 붉게 물들던 때가
생각이 나네 그때도 산정호수에는
진달래 만발했지

검은 머리 파 뿌리 되도록
함께 하자고 맹세하였지 매년
이맘때가 되면 생각나는 그 시절
파 뿌리를 매만지며 단둘이
웃고 있는 그대와 나

개똥

송파구 풍성로 주택가 주차장
차들이 주저앉아 쉬고 있다
집과 주차장 사이 보행로
오가는 이 없는 한적한 오후
누군가 버린 담배꽁초
눈에 거슬린다
그 사이로 사십 대 중반의 사내
애견과 산책하던 중
강아지가 똥을 쌌다
그 옆을 지나치던 나
문득, 뒤돌아보았다
그냥 가려던 눈길이 마주쳤다
민망한 듯 주위를 살피다
버리려던 양심을 다시
줍고 있는 사내

무더운 한나절이 시원스럽게 웃고 있다

최창순
강원도 출생. 2009년 《다시올문학》 등단. 양평 글샘문학회장 역임.
제2회 다시올문학상 수상. 시집 『아내와 그네』.
chsunch@hanmail.net

손빨래 외 2편

최 혜 영

오랜만에 손빨래를 한다.
누렇게 때가 탄 옷가지들
헐렁한 바지에서 땀에 전
남편의 속옷이 빠져나오고
구두 속에 갇혀 있던 발가락들
뒤엉켜 나온다.
아들아이 청바지를 추려가며
허옇게 굳어버린 비누를 찾아
물에 퉁퉁 불은 옷들을
빨래판 위에 올려놓는다.
싹싹 손으로 비벼 문지르고
찬물에 휘휘 저어 헹구어
끈적한 땟국물을 씻어낸다.
등이 흥건히 젖도록 흔들어댄 몸,
몸속 혈관마저 시원해진 느낌이다.
감추고 싶었던 얼룩
꼭꼭 물기를 짜고 탁, 탁, 털어
하나씩 걸고 나면 묵은 짐 내려놓듯
촉촉한 봄기운이 웅크렸던 집안으로 들어서고
내 얼룩을 하얗게 표백하던 손길
뽀얀 빨래 대에서 종일
명주바람으로 수인사하고 있다.

삼십 년 전의 눈이 내린다

눈이 내리는
자욱한 하늘을 올려다본다
세상의 끝이 어디인지
참 아득하다

외딴 섬
외등 아래 골목길이 사라지고
눈이 세상의 소리를 다 삼켜
섬의 지붕이 더 낮아지고
개 한 마리가 겅중거린다

발자국 꽃이 파도처럼 하얗다
그 옛집, 단발머리 소녀가
눈송이를 머리에 이고 눈을 굴린다
발자국이 얽혀 꽃송이가 활짝 핀다

개 짖는 소리에
백일몽에서 깨어나는 지금
창밖에 삼십 년 전의 눈이
날리고 있다

쏟아지는 하늘을 향해 컹컹 짖어대는 개
저 개도 영락없는 그 옛집
마루 밑에 잠들던 우리 바둑이다

별을 만지다

동해 묵호항
캄캄한 하늘에서 낯익은
몇 개의 별을 보았다

기억이 나는 대로 하나씩
손짓을 하며 별을 헤아려 본다
북두칠성, 오리온자리, 전갈자리, 쌍둥이자리
아주 오래전 나의 눈도 별처럼 맑았을까?

어둠이 겹겹이 쌓인 밤하늘
누군가 별을 거두어 가고 잠을
설치게 했던 별이 하나둘 불을 끈다
별을 좇던 나는 빈손으로 돌아온다

밤새 이는 파도 소리에
바다도 나도 울었다

최 혜 영
서울 출생 2009년 계간 《다시올문학》 등단 현 수원해담유치원 원장
동인시집 『느슨한 저녁』 외 hye8268@hanmail.net

혼란(混亂) 외 4편

추 다 영

광풍(狂風)에 흔들리고
폭우에 눌려
비음(鼻音) 질렀어도

아귀에 쥔 활에
곧은 살을 얹고
과녁의 정곡(正鵠)을 향해
허공을 가른다

무의(無義)로 떠맡은 세월
산택(山澤)을 녹이고
심정(心情)마저 뒤엎어
화살은 역반(逆反)해 꽂혔다

세기(世紀)의 혼란(混亂)
비정(秕政)의 해방인가
역사의 왜곡인가
모두가 떠난 후에야 알리라

내 남자의 눈물

침묵으로 돌아누운 까닭을
이제는 알겠습니다
등 너머로 내쉬는 한숨을
조금은 알 수 있습니다

창 너머 허공을 응시하는
창백한 눈동자는 글썽이고
회한의 강너머로 흩어지는
긴 담배 연기

혼자 걷는 좁은 길
온종일 펄떡이며
숨보다 먼저 달리는 심장
남자의 가슴은 아플 수밖에

무겁게 눌린 어깨
당당히 지고있는 신념
그 찬란한 고독은
누구도 만질 수 없는 황금이라

더운 가슴을 갖고도
차가운 정직을 내 던져
부인할 수 없는 삶의 왜곡
그 가슴엔 눈물이 흐릅니다

어머니의 전설

울툭불툭 굵어진 손 마디
한 생애를 살아내신 세월
결코 아니라 할 수 없는 당신은
사랑의 노예셨나 봅니다

한 맺힌 구석구석 닦고 또 닦으시며
잊고 살지 못했던 서글픔으로
가슴에 핀 멍 꽃은 고귀합니다

당신의 조물(造物)들 위해
기도로 불 밝히는 새벽
역류(逆流)할 수 없는 시간 저편에
당신의 사랑은 강물이 되었습니다

흔적도 없이 내어 준 세월을 딛고
우뚝 솟아버린 아이 뒤로 서 계신 당신의
전설은 세상을 뜨겁게 달구곤 합니다
끝간데 없이 깊이 파인 당신의 우물엔
비로서 맑은 물이 고여 있었습니다

바람, 꽃, 나무, 새, 풀잎 하나까지
그 모두를 찬애(燦愛)하신 어머니
당신은 진정 순결한 소녀이십니다

그리움은 비가 되어 울고

흩어지는 안개비처럼
하얗게 질려버린 후회
수많은 사연은 차곡차곡
아린 슬픔으로 싸여만 갑니다

인정하지 않았던 이별은
벌써 간 곳이 없고
투명해진 그리움만
서글픔이 되어 흐르고

추억의 향기
잡을 수 없는 바람으로 흩어져
텅 비어버린 머릿속에
편두통을 일으킵니다

애써 가둬버린 기억
하늘색 푸른빛을 빛으며
살아 꿈틀거려
어지러운 잔상만 감돌고

죽음처럼 고독한 침묵 속에
점점 잊혀 질 것 같은 애잔함
그대 기억에 남고 싶어
소리 질러 울었습니다.

하나의 사랑

눈빛만으로 탐닉했습니다
진지하고 수줍던 고백
따뜻한 손길은 벌써
떨고 있는 심장을 지배하고

과거를 이야기한 적 없었고
미래를 약속한 적도 없었습니다
무엇도 간섭할 수 없는
정직한 감정만 믿었습니다

돌아갈 수 없을 만큼
멀리 와 있는 걸 깨달았을 때
서로를 옭아매어 버린
두려운 것은 사랑이었습니다

다 가질 수도,
놓아 버릴 수도 없는
신비로운 그 눈동자 안에
길들어져 가는 모습이 있습니다

잔잔히 스며든 사랑 두 가슴이
하나로 무너지고 있습니다
보면 가슴이 저려옵니다
생각하면 눈물이 납니다

추다영
시인, 수필가, 1970년 서울 출생 2005년 《시사문단》 시 등단
2012년 《다시올문학》 수필 등단 poeticdy@hanmail.net

다시올문학회 전망 6집

꽃에 대한 예의

지 은 이 | 조영환 외
발 행 인 | 김영은
디 자 인 | 박지혜

최판인쇄 2017년 12월 20일
초판발행 2018년 1월 5일

편집제작 | 다시올
출판등록 | 제310-2007-00028
주　　소 | 서울 노원구 월계동 382-55
전　　화 | 070-7431-5941
팩　　스 | 031-855-0023
메　　일 | maxim3515@naver.com

값 10,000원
ISBN 978-89-94414-77-5 03810

* 파본은 본사나 구입하신 서점에서 교환해 드립니다.